왜 모두가 그 상사와 일하고 싶어하는가

왜 모두가 그 상사와 일하고 싶어하는가

홍석환 지음

모든 일의 중심에는 사람과의 관계가 있다

"여러분은 어떻게 임원 자리까지 오르셨습니까?"

신임 임원 대상 교육과정 때 한 질문입니다. 성과를 내서 또는 실력을 인정받아서라고 이야기할 것으로 생각했는데 "상사, 직원, 주변 사람들이 도와주셔서 임원 자리에 오르게 됐습니다."라고 대답했습니다. 어느 수준까지는 본인의 직무 역량과 높은 성과를 인정받아 승진합니다. 하지만 조직장이 되면 아무리 조그만 조직일지라도 본인의 역량과 성과는 기본이고 상사와 직원과 함께 성장하고 성과를 창출해야 합니다. 올바른 가치관을 바탕으로 솔선수범을 보여야 합니다. 그 중심에 사람과의 관계가 있습니다.

다양한 구성원들과 팀워크를 이루어야 한다

조직장이 되면 다양한 구성원을 만나게 됩니다. 모든 구성원이 주도적이고 자율적으로 아이디어를 내고 맡은 일과 역할을 다하고 팀워크를 발휘하고 높은 성과를 창출한다면 더없이 기쁘겠죠? 팀장이나 임원으로 근무하면서 힘들지는 않은지요?

최고경영자는 고민이 많습니다. '왜 우리 임원과 팀장은 내 생각처럼 일하지 않을까?' '왜 자신의 조직이나 본인만 생각하고 길고 멀리 보며 전사적 차원에서 의사결정과 행동을 하지 않을까?' '왜 중요한 일을 여유롭게 하질 않고 꼭 닥쳐서 해 문제를 만들까?' 조직과 구성원을 성장시켜야 하는데 왜 동기부여와 사기진작을 하기보다 반대로 정떨어지는 언행을 할까?' 불러서 주의도 주고 질책도 하지만 고쳐지지 않습니다.

구성원들은 생각합니다. '어차피 팀장이나 임원이 다 수정할 거야.' '일을 지시하고 방향과 틀을 정해주는데 굳이 내가 할 필요가 있어?' '괜히 말했다가 나만 바보가 될 뿐이지.'라는 수동적인 자세로 마냥 기다리기만 합니다. 임원이나 팀장은 위와 아래로부터 많은 압박을 받으며 힘들어합니다. A기업에 강의하러 갔는데 임원들이 후회합니다. "팀장이었을 때가 좋았어요. 임원이 되니 할 일과 고민만 많고 잘못되면 책임지고 퇴직해야 합니다. 조금은 가늘고 길게 살고 싶어요." 팀장들은 더 심합니다. "팀장이 돼도 실무 업무는 그대로 하면서 팀 업무에 대한 책임까지 져야 하는데 권한이나 혜택은 없어요. 그냥 팀원으로 있으면서 스트레스 안 받고 내 몫만 일하다가 정년퇴직하고 싶어요."

팀장이나 임원들에게 무엇이 가장 힘든지 물어보면 직원 관리와 함께 성과 창출을 꼽습니다. 결국은 사람과의 관계가 문제라는 것이지요. 팀장은 상사와의 관계보다 팀원과의 관계에서 힘든 점이 더 많았습니다. 그래도 함께 근무하는 팀원인데 기쁜 마음으로 아침 인사를 나누고 일하는 생각과 방식을 바꿔 성과를 내도록 해야 하지 않겠냐고 하니 "오죽하면 이런 말을 하겠습니까? 가르쳐도 배우려 하지 않고 팀워크를 무너뜨리고 성과가 높은 사람을 질투하고 비난하고 부정적으로 말하는 직원과 근무하면 하루에도 화가 몇 번씩 치솟아 끊었던 담배를 다시 피우게 되었습니다."라고 토로하며 한숨을 내쉬었습니다.

성과가 높은 팀의 팀장들에게 어떻게 그런 높은 성과를 올렸는지 성공의 원인이 무엇인지 물었습니다. 그들은 대부분 자신보다는 팀과 팀원들을 칭찬합니다. 그들에게 역량이 낮고 성과가 떨어지는 팀원은 한 명도 없습니다. 그들의 마음속에 간직된 팀과 팀원은 최고이며 꿈과 열정이 있습니다. 모두가 자신의 역할을 다하고 서로 인정하고 존중합니다. 그들은 회사 일은 혼자 하는 것이 아니라 함께 해야 한다는 생각이 강합니다. 일에 대한 자부심이 강하고 주변 사람들로부터 배우며 성장하기를 기원하며 실행합니다. 아침 인사부터 활력이 넘칩니다. 이들의 표정에는 즐겁다는 감정이 역력합니다. 이들은 팀장을 무한히 신뢰합니다. 어느 팀원은 "내가 가장 존경하고 닮고 싶은 롤 모델은 저희 팀장입니다."라고 말합니다. 성공한 팀과 팀장에게도 힘든 과정이 있었을 것입니다. 인터뷰 하면서 높은 성과를 이끄는 힘은 바로 사람이며 관계 관리임을 깨닫게 합니다.

어떻게 직원이 함께 일하고 싶은 상사가 될 것인가

필자는 팀장이나 임원을 대상으로 1년에 100회 정도 강의를 하고 있습니다. 그때마다 '직장생활을 힘들게 하는 직원의 행동'을 적게 합니다. 너무 사례가 다양해서 놀랐습니다. 상사와 면담을 하는데 녹음을 한다거나, 지각을 하거나, 인사도 없이 퇴근을 하거나, 회식에 가기 싫다고 불참하거나, 차상급자에게 고자질하거나, 외부 기관에 투서하는 것 등 필자의 신입사원 시절에는 상상도 할 수 없는 일들이 있었습니다.

많은 팀장이나 임원이 힘들어하는 모습을 보며 어떻게 하면 직원들이 인정하고 존경하는 상사가 될 수 있을까 고민했습니다. 그 고민의 결과를 이 책에서 세 가지 주제로 설명하고자 합니다. 첫째는 직원을 성장하게 하는 리더의 특징. 둘째는 직원과 소통을 잘하는 리더의 특징. 셋째는 직원과의 갈등을 잘 해결하는 리더의 특징입니다. 이 책에서 든 사례는 전부 직장이 무대입니다. 좋은 인간관계를 이끌어 가고 싶어하는 팀장과 임원에게 현실적인 도움이 되길 바랍니다.

회사의 조직장은 일의 우선순위에 맞게 한정된 시간을 잘 관리해야 합니다. 외부 시장, 고객, 경쟁자와 싸워야 합니다. 그러기 위해 많은 시간을 들여 시장, 고객, 경쟁사의 욕구와 변화를 파악하고 흐름을 예측하고 더 경쟁력 있는 가치를 찾아 이기는 DNA를 조직과 구성원에게 심어야 합니다. 방향을 제시하고 전략적으로 의사결정을 해야 합니다. 길게 멀리 보며 높은 전문성을 갖추어야 합니다. 조직과 구성원을 육성하여 성과를 견인해야 합니다. 회사, 일, 사람에 대한 로열티를 강화하면서 외부 사람들과의 만남에서 회사를 대표하고 좋은 이미지를 구축해야 합니다.

팀장과 임원들이 마땅히 해야 할 일에 집중해야 하는데 내부 직원들과의 갈등으로 힘들어하고 거기에 많은 시간과 노력을 쏟고 있으면 곤란합니다. 팀장과 임원들은 자신의 이익을 챙기는 것이 아니라 회사를 100년 옥토로 만들어 후배들이 계속 다니며 행복할 수 있도록 해야 한다고 생각합니다. 제가 이 책을 쓴 이유이기도 합니다.

이 책을 집필하면서 떠오른 많은 분이 있습니다. 삼성(삼성전기, 삼성비서실 인력개발원, 삼성경제연구소)에서 17년, GS칼텍스(인사기획팀장, 조직문화팀장 등)에서 8년, KT&G(변화혁신실장, 인재개발원장)에서 6년, 총 31년 동안 직장생활을 하면서 함께한 많은 상사, 선배, 동료, 후배가 지금까지 잊지 않고 연락을 해옵니다. 한 분 한 분 소개할 수 없어 죄송하지만 항상 감사한 마음입니다. 그리고 지금까지 많은 전문가의 도움을 많이 받았습니다. 15년 넘게 매달 세미나를 이어가는 한국HR포럼 회원님들, 25년 넘게 만남을 지속하는 인사노무연구회 회원님, 인사 전문 월간지인 『인사관리』 『인재경영』 『HRD』 『HR 인사이트』 편집장님과 기자님들에게 감사의 마음을 전합니다. 한솔교육, 애경그룹, 경신, 마이다스아이티, 동서식품, 유한양행, 대웅제약, 한솔그룹, 현대그룹, 선일다이파스, 한국콜마, LX홀딩스, KCI, 해피랜드, HD현대, 해양에너지, 아세테크, 코코도르, 코린토, 범진, DK메디칼솔루션, 호반건설, 계룡건설, 지방공기업평가원, HR에듀센터, 전국경제인연합회, 한국경영자총협회, 무역협회, 중도일보, 원티드의 인살롱, 한국경제신문사, 매일경제신문사 등의 관심과 지원 덕분에 제가 성장할 수 있었습니다. 중도일보에 연재해온 「홍석환의 3분 경영」 독자님의 격려가 없었다면 이 책은 빛을 볼 수 없었을 것입니다.

40년 넘게 배려하고 감동을 주는 사랑하는 아내, 직장인으로 큰 성장이 기대되는 큰딸 서진, 비안이 엄마이며 예쁜 리본을 잘 만드는 작은 딸 서영과 그 옆의 사위, 올해 92세인 아버지의 건강과 어머니의 행복을 기원합니다. 마지막으로 졸고를 옥고로 편집하여 한 권의 책으로 세상에 나오도록 결정해준 클라우드나인 출판사에 감사를 드립니다.

2023년 10월 일산 집무실에서
홍석환

1장
그 상사는 성장하도록
도와준다

상사가 좋아야 일할 맛 난다

회사 보고 입사해서 상사 때문에 퇴사한다

퇴직하는 사람들과 면담을 하면 처음에는 개인 사정, 학업 지속, 가업 계승 등을 이야기하지만 좀 더 심층 대화를 하면 상사나 선배 때문에 그만둔다는 직원이 많다. 처음 회사에 입사했을 때는 이곳에서 성장하겠다고 생각했고 회사에서 하는 일은 좋지만 상사와 선배의 지속된 괴롭힘을 견디기 힘들었다고 한다.

상사와 면담을 하면 자신은 퇴직하려는 직원이 성장하도록 좀 더 적극적으로 지도하고 동기부여를 하려고 노력을 많이 했지만 목표와 열정이 없고 매사 소극적이었다고 말한다. 직원의 성공을 바라지만 그 마음의 진정성이 직원에게 전달되지도 않았다. 직원이 바람직한 모습으로 성장하도록 지원하는 입장이 아니라 지시하고 감독하며 잔소리하는 사람으로 인식돼 힘들게 했다는 생각만 직원에게 남아 있다. 상황이 이렇다 보니 많은 직원이 "회사 보고 입사하여 상사 보고 떠난다."라고 말한다.

사람을 끌어당기는 상사가 있다

인재 컨설팅 회사 마투슨컨설팅의 대표인 로버타 친스키 마투슨은 저서 『사람을 끌어당기는 리더The Magnetic Leader』를 통해 사람을 끌어당기는 리더의 7가지 특징으로 진정성, 이타심, 명확한 소통, 카리스마, 투명성, 비전, 회복탄력성을 이야기한다. 마투슨은 이러한 특징을 가진 리더의 모습을 다음과 같이 설명한다. 본모습을 감추지 않고 진정성을 갖고 사람을 대하고 타인에게 영향력을 미치고 영감을 불어넣는다. 비전을 제시하고 한결같이 정직하고 일이 계획대로 진행되지 않음을 알고 좌절하지 않고 직원들을 이끈다. 직원들과 자주 소통하여 직원이 명확하게 이해하도록 한다.

잡코리아와 알바맨이 최근 재미있는 설문 결과를 발표했다. 세대별 성인 5,915명을 대상으로 한 여러 질문 중 성공적인 삶에 관한 견해를 물었다. 먼저 1960년대생은 '큰 걱정 없이 안정적인 수입을 올리며 가족과 화복하게 사는 삶(35.8%)'과 '남들이 부러워하는 직업을 가졌고 그 분야에서 인정받는 삶(34.0%)'을 성공적인 삶 1, 2위로 꼽았다. 1970년대생은 '큰 걱정 없이 안정적인 수입을 올리며 가족과 화목하게 사는 삶'이 64.9%로 타 연령대보다 가장 높왔다. 1990년대생과 2000년대생은 '좋아하는 일, 취미를 즐기면서 사는 삶'을 꼽은 비율이 각각 34.5%, 33.0%로 다른 연령대에 비해 2배 가까이 높아 차이가 있었다.

이 설문이 주는 의미는 매우 크다. 살아온 시대적 환경, 가족 관계와 학력, 개인의 특성에 따른 세대 간 공통점과 다양성을 인지해야 한다. 특히 리더라면 이 다양성의 인지 수준을 넘어 회사와 일에 연계해 성과를 창출하도록 이끌어야 한다. 다름을 인정하지 못하고 "나는 너희 나이와 직급일 때 이렇게 했다."라는 식의 말은 교훈이 아니라 괴롭힘이다. 상사의 말을 사전 양해 없이 녹음하는 직원에게 윽박지르고 보고서를 던지며 찢어버리던 시대의 이야기를 하면 반성하고 개선하겠는가?

팀장과 임원에게 강의와 코칭을 하며 우리 기업의 팀장과 임원들이 리더의 정의와 역할이 무엇인지 모르고 지금까지 잘해 온 경험이나 지식을 바탕으로 선배 팀장이나 임원이 했던 방식을 답습하고 있음을 알게 되었다. 직원을 가르치기에 앞서 리더가 먼저 바뀌어야 한다. 직원들이 존경하고 따를 마음의 준비가 되도록 하기 위해 리더가 노력해야 할 여섯 가지를 생각해보았다.

첫째, 비전, 전략과 방안, 그라운드룰을 설정하고 체질화한다. 리더를 존중하게 하는 첩경은 바로 방향 설정이다. 리더가 올바른 방향을 제시하고 이끈다면 직원들은 믿고 따르게 돼 있다. 어떤 마음으로 어떻게 방향을 설정하느냐가 중요하다. 사업과 상사의 방향과 연계해 자신만의 방향을 가지고 있어야 한다. 더 중요한 것은 이를 직원들에게 내재화해 실천하게 해야 한다. 당연히 리더가 더 노력해야 한다.

둘째, 전략적 관점에서 의사결정 원칙과 방법을 안다. 바쁜 리더들을 보면 열이면 열 전부 담당자 수준의 업무를 한다. 중요하고 기회를 선점할 사안을 신속하게 의사결정하지 못하고 과중한 일 속에 파묻혀 있다. 일의 수행보다 앞서는 것이 의사결정이다. 오죽하면 리더의 일은 의사결정이라고 하겠는가?

셋째, 성과 창출 방법을 알고 실행한다. 우리나라 기업의 리더들은 성과와 실적을 구분하지 못한다. 성과를 이야기해야 하는데 실적을 말한다. 실적에 대한 부담으로 무리하게 조직과 직원을 이끌다가 성과를 낮아져 조직이 통폐합되거나 직원이 떠나게 된다. 길고 멀리 보는 장기적 관점에서 효과적으로 목표와 과정을 관리하여 성과 창출 방법을 알고 실천해야 한다. 그 바탕인 정도경영과 소통은 기본 중의 기본이다.

넷째, 조직과 직원의 성장을 돕는다. 조직과 직원을 성장시키지 못하는 리더는 리더가 아니다. 조직 성장을 위해서는 가치관 경영과 지식 경영을 연계해 부서의 이슈는 부서에서 완결되도록 이끌어야 한다. 조직 구성원의 지식이 공유되고 조직학습을 통해 과제를 주도적으로 추진하도록 해야 한다. 직원 성장을 위해서는 개개인의 성장 촉진자의 역할을 하되 리더의 직원 육성 대상 1순위는 자기 자리를 물려줄 후계자임을 알고 조기 선발해 강하게 육성해야 한다. 또한 바쁘다는 이유로 스스로 성장하지 못하는 리더는 조직과 직원의 지탄의 대상이 됨을 잊지 말아야 한다.

다섯째, 자율적이고 주도적으로 실천한다. 소통만 잘되면 자율적이고 주도적인 문화는 형성된다. 리더는 내리사랑만 하고 직원들은 리더의 잦은 지시와 잔소리에 힘겨워하는 상황이 문제이다. 리더가 전체를 보며 자신이 하는 일을 주도적으로 이끌되 책임지는 문화가 정착되도록 앞장서야 한다.

여섯째, 감사하며 협업하는 문화를 확산한다. 회사와 일에 감사하는 마음을 가지고 회사의 밸류체인을 전 직원이 명확히 인지하고 후공정을 배려하여 협업하는 문화가 자리잡도록 이끌어야 한다. 내 것 네 것을 따지거나 역할과 책임R&R 갈등이 있다면 조직과 직원의 잘못이 아니라 리더에게 원인이 있음을 명심해야 한다.

결국 리더는 조직의 장임을 명심하고 조직뿐 아니라 직원 한 명 한 명에게 관심을 가지고 성장시켜야 한다. 자신이 직원 개개인을 가슴에 간직하고 배려하며 노력하고 있음을 전해 진정성과 공감대를 형성해야 한다. 직원 개개인의 변화를 체크하여 피드백함으로써 직원들이 이곳에서 근무하면 성장하고 즐겁다는 인식을 갖도록 해야 한다. 성과의 중요성을 알고 한마음이 돼 한 방향으로 이끄는 사람이 바로 리더이다. 리더는 혼자가 아니다. 나 한 명만 잘하면 된다는 생각을 버리고 함께 잘할 수 있도록 고민하고 성과를 창출해야 한다.

어떻게 직원을 이끌어 갈 것인가

직원에게 나아갈 방향을 알려줘야 한다

어릴 적 초등학교 운동회는 지역의 큰 잔치였다. 지역 유지를 모시고 학생과 학부모가 여러 종목에서 하나 되는 행사였다. 줄다리기, 풍선 터트리기, 달리기는 필수 종목이었다. 이 중 100미터 달리기는 10명이 한 조가 돼 신호와 함께 목표 지점을 향해 달리는 종목이다. 많은 사람이 선수들에게 힘내라며 응원하고 결국 1~10등이 결정된다. 선수 중에는 뒤로 달리거나 옆으로 달리는 사람은 없다. 모두가 앞을 향해 직진한다. 앞에 목표가 보이기 때문에 직진이 가장 빠르다는 것을 알고 죽을힘을 다해 달린다. 부모님이 바라보고 있다는 생각 때문에 더 열심히 달린다.

직장 일은 초등학교 100미터 달리기와 여러 면에서 다르다. 출발부터가 다르다. 10명을 한 라인에 앞을 보고 서 있게 하지 않는다. 10명의 등급이 다르다. 같은 초등학교 동급생이 아니라 연차와 역량에 차이가 있다. 앞서 달려온 사람이 있고 이제 준비하는 사람도 있다. 신호가 동시에 울리지도 않는다. 가는 방향도 제각각이다. 앞으로 달리는 사람, 뒤로 달리는 사람, 옆으로 달리는 사람이 있다. 또 걷는 사람도 있고 앉아 쉬는 사람도 있고 달릴 생각이 없는 사람도 있다. 결과에 대해 축하하거나 질책하는 사람은 많아도 중간에 우레와 같은 응원은 그리 많지 않다. 각자가 알아서 목표를 정하고 고민하며 계획을 짜서 실행한다.

달리거나 걸으면서 직장인들은 불안해한다. 내가 가는 길이 옳을까? 나는 제대로 하는 걸까? 이렇게 하면 성과를 내고 목표를 달성할 수 있을까? 이것이 가장 효율적이고 효과적인 방법일까? 생각하지 못한 더 좋은 방법은 없을까? 예상하지 못한 일이 발생하면 어떻게 할까? 자신의 이러한 고민에 누군가 방향을 결정하거나 조언을 하면 좋겠다고 생각한다.

조직장은 직원을 달리게 하는 사람이다

조직장의 역할은 무엇인가? 조직장과 구성원의 역할의 차이는 무엇인가? 조직장은 주어진 일을 창출하는 것이 일이다. 구성원은 주어진 일에 대해 자료를 수집하고 분석하고 결과물을 창출하여 보고하거나 활용하도록 하는 일을 한다. 100미터 달리기의 주역은 구성원이다. 주어진 틀에서 그들이 하는 일은 열심히 달리기만 하면 된다. 조직장은 100미터 달리기를 기획하고 제반 준비를 하여 달리게끔 하는 사람이다.

조직장이라면 올바른 방향을 제시하고 의사결정을 해야만 한다. 그러기 위해서는 바른 가치관, 높은 전문성, 조직과 구성원과 적극적으로 소통하는 역량 등을 지니고 있어야 한다. 100미터 달리기처럼 일사불란하게 구성원이 달리도록 하려면 무엇을 해야 할까? 다음과 같이 세 가지를 잘해야 한다고 생각한다.

첫째, 지향하는 목적과 목표를 명확히 하는 일이 가장 중요하다. 100미터 달리기처럼 목표가 명확하다면 힘을 다해 달리기만 하면 된다. 조직장은 왜 우리가 존재하고 달성해야 할 목표가 무엇이고 어떤 가치와 성과를 창출해야 하는지 방향과 중점과제를 명확히 할 수 있어야 한다. 이러한 방향과 과제를 믿고 구성원은 자료를 수집하고 분석해 결과물을 만들어낸다. 만약 조직장이 방향을 설정하지 못하고 의사결정을 미루며 과제를 제시하지 않는다면 조직과 구성원은 어떻게 되겠는가?

둘째, 조직과 구성원의 합의를 잘 끌어내야 한다. 꿈과 목표가 있다고 성과가 창출되는 것은 아니다. 시장과 고객을 분석하여 높은 수준의 방향, 목표, 중점과제를 제시했다고 해도 조직과 구성원이 수용하지 않으면 결과는 기대할 수 없다. 조직과 구성원이 신뢰를 바탕으로 열정을 다해 성과를 창출하겠다는 마음자세를 갖고 실행하는 것이 중요하다. 이를 끌어내는 원동력이 조직장이다. 말로만 하라고 하면 실행되지 않는다. 조직장의 악착같은 솔선수범이 모범이 돼 조직과 구성원이 한마음이 되도록 해야 한다. 조직과 구성원이 조직장의 가치경영에 공감해 업무에 반영해야 한다. 조직과 구성원이 '하나의 조직, 우리는 하나'라는 합의로 이끌 수 있는 강력한 힘은 바로 신뢰이다.

셋째, 조직과 구성원들과 소통할 수 있어야 한다. 조직은 다양한 성격, 목적, 일하는 방식을 지닌 사람들의 집합체이다. 살아온 환경이 다르고 학력이나 생각하는 바가 다르다. 그러다 보니 그들에게 지향하는 합의를 끌어내기는 쉽지 않다. 이들 마음속에 동일한 방향, 목적, 가치, 실천의지를 심어줄 방법은 바로 소통하는 것이다. 조직과 구성원들이 언제든지 이야기할 수 있고 말이나 행동하는 것에 제약을 받거나 피해를 받지 않는다는 암묵적 믿음이 있어야 한다.

조직의 문제, 개선할 점, 도전할 가치가 있는 일에 대해 언제든지 말할 수 있고 검토하고 결과를 알려주는 것이 당연하다고 생각해야 한다. 자유롭게 토론하며 전사적 성장과 성과 창출을 위해 정보, 자료, 자원이 상하좌우는 물론 모든 방면으로 열려 있어야 한다. 조직과 구성원 모두가 진정성을 갖고 서로 성장하고 잘되길 바라는 마음에서 관심을 가지고 협업해야 한다. 조직장은 자신의 조직이 희생하고 힘이 들더라도 전사의 이익에 기여한다면 팀원들에게 다음과 같은 말을 할 수 있어야 한다.

"이 일은 우리에게 이익은 없고 힘들지만 회사를 위해 나를 믿고 이 일을 함께 하자."

어떻게 직원을 성장시킬 것인가

직원을 바보로 만들어서는 안 된다

직원을 바보로 만들고 싶은 상사는 없을 것이다. 하지만 직원들이 자기 생각이나 아이디어가 없이 상사가 시키는 일만 하면 바보가 된다. 일의 바람직한 모습을 생각하며 전략과 구체적인 과제를 도출해서 악착같이 추진하는 열정을 보여야 한다. 그런데 그렇지 않고 일에 대한 결정권을 주지 않으면 직원을 바보로 만드는 것이다.

이런 상사들의 공통점은 예전에 자신은 그러지 않았는데 요즘 젊은이들은 배우려고 하지 않는다, 치열함이 없고 열정이 없다, 역량이 떨어져 도전과제를 주거나 믿고 맡길 수 없다고 한다. 일을 지시할 때 방향이나 큰 그림은 주지 않으면서 결과물을 검토하며 틀린 순서, 오탈자, 누락되거나 잘못된 데이터가 있으면 일을 잘못했다고 야단을 친다. 그러면 직원들은 상사의 잔소리에 주눅이 들고 감정이 상해 갈수록 더 시키는 일만 하게 된다. 시키지 않은 일에 대해서는 할 생각을 하지 않는다. 즐거움과 성취감은 회사 밖의 활동에서 느끼고 회사생활은 생계를 위한 것이거나 안정된 보험 하나 든 것으로 생각하게 된다.

이렇게 10년이 지나면 어떻게 될까? 오죽하면 직장인들이 첫 직장과 첫 직무 못지않게 중요한 것은 첫 상사라고 했겠는가? 직원을 키우는 상사는 직원을 편하게 해주기보다는 가치를 높여야 한다. 직급의 낮고 높음에 따라 직원을 성장시키는 방법은 다음과 같다.

직급이 낮은 직원

- 다양한 경험을 하게 하고 강점을 강화하도록 한다.
- 도전과제를 주고 난관을 극복하게 한다.
- 타 부서 사람들과 모임을 하게 한다.
- 소통과 대화하는 법을 알려준다.
- 무엇보다 책을 많이 읽고 정리하며 공유하도록 한다.

직급이 높은 직원

- 적을 만들지 않고 잘못된 언행이 없도록 단점을 보완하도록 한다.
- 높은 성과를 창출하도록 메가 프로젝트를 주도적으로 기획하여 수행하도록 한다.

- 관계의 중요성과 경험을 쌓도록 일정 기간 임시 팀을 이끌게 하고, 주변 팀과의 협상과 협조 역량을 지원한다.
- 길고 멀리 보며 사업과 전략에 대한 사업가적 마인드를 심는다.
- 조금은 불가능한 일을 부여하여 강한 열정과 실행력으로 성취감과 자부심을 느끼게 한다.
- 일을 배우고 문제를 해결하는 단계에서 일을 가르치고 진단하여 컨설팅을 하는 전문가가 되도록 한다.
- 인성과 전문성이 뛰어나고 성과를 창출하는 인재는 조기에 조직장으로 발탁하여 지금 당장이 아니라 3년 후 또는 5년 후 초래할 변화를 선도하는 역할을 담당하게 함으로써 회사의 미래를 견인하게 한다.

직원을 키우지 않는 조직장은 생각도, 역량도, 열정도 없는 사람이기 때문에 최대한 빨리 보직 해임하거나 퇴출해야 한다. 이들이 하는 가장 큰 잘못은 회사에 자신의 문제를 전염시키고 열정이 있는 직원을 바보로 만든다는 점이다.

왜 직원을 제대로 키워야 하는가

A임원은 매우 꼼꼼하다. 부하 직원에게 업무 지시를 내릴 때 하나부터 열까지 꼼꼼히 살피며 최대한 그대로 추진하도록 피드백을 한다. A임원이 부르면 최소 20분 이상 정신 교육을 받으면서 자신

이 무엇을 잘못했다는 것은 분명하게 알고 나온다. 반면 B임원은 방관형이다. A임원과는 다르게 직원을 불러 꾸중하거나 지도하는 적이 없다. 일을 지시할 때 제목 정도만 알려주고 직원이 해오도록 한다.

A임원과 B임원 아래 직원들은 모두 죽을 맛이다. A임원의 직원들은 임원 부재 시 의사결정을 하지 못한다. 시키는 일을 하는 것에 익숙해져 고민이 적었기에 갑작스럽게 처음 접하는 상황에 몹시 당황하며 어찌할 바를 몰라 한다. 반면 B임원의 직원들은 매일 밤샘이다. 경영층이 방향이 틀렸다, 다른 대안을 모색하라, 추진 프로세스가 잘못되었다는 지적에 보고서를 몇 번이나 수정한다. 매번 다른 차원의 고민을 해야 하기 때문에 쉽게 지쳐버린다. 이런 직원들에게 어떻게 지시를 내리고 어느 정도 고민하게 하는 것이 옳은가?

임원은 크게 4가지 유형이 있다. 첫째 유형은 직원들을 하나에서 열까지 꼼꼼히 챙기며 실행하게 한다. 둘째 유형은 직원들에게 명확하게 지시하고 직원들이 주도적으로 처리하게 한다. 셋째 유형은 방향과 중점과제를 제시하지 못하지만 자신이 한 말은 잊지 않고 신속하게 실행하게 한다. 넷째 유형은 방향도 중점과제도 제시하지 못하고 직원들이 무엇을 하든 관심이 없다.

직원들이 자기 생각이나 아이디어가 없이 그저 상사가 시키는 일만 하면 바보가 된다. 일을 잘하는 직원들은 일의 바람직한 모습을 생각하며 전략과 구체적인 과제를 도출해야 한다. 자신이 정한

틀에 부합되는 자료를 수집한 후 다양한 자료들을 일정한 분석 방법으로 처리하여 대안을 만들고 보고서를 작성해야 한다. 이러한 실행 과정을 악착같이 추진하는 열정을 보여야 한다.

리더인 상사가 직원을 키우지 않는 이유는 다양하다. 가장 큰 이유는 자기 자리에 대한 생존 본능이다. 직원이 성장하면 자기 자리가 위태롭게 될 수도 있다는 불안감이다. 이러한 리더는 오직 자신의 생존만 생각한다. 그렇기 때문에 회사에 큰 장애물이 된다. 최대한 빨리 보직 해임하거나 퇴출해야 한다.

어떻게 직원의 마음에 각인될 것인가

직원들은 리더에게 어떤 모습을 기대하는가

대기업인 A회사의 직원 대상으로 '존경하는 리더들은 어떤 행동을 하는가?'에 대한 주관식 설문을 했다. 거창한 행동을 기대한 것은 아니었다. 하지만 그들이 작성한 리더의 모습은 어떻게 보면 너무나 당연한 것들이었다.

- 업무를 확실하게 배울 수 있고 진로를 잡아준다.
- 업무의 가이드라인을 확실히 준다.
- 직원의 능력을 빠르게 파악하고 적재적소에 잘 배치하며 업무 분장을 잘한다.
- 의사결정을 확실하게 한다. 보고서나 의견 제시 시 추가로 이

것도 저것도라는 식은 하지 않고 명확하게 피드백한다.

- 목표 의식과 방향성을 확실하게 세워주며 명확한 지시와 함께 권한을 충분히 준다.
- 직원 개개인의 의견이나 경력관리과 개인 사정에 관심을 가진다.
- 인간적으로 좋은 사람이다.
- 기회를 많이 준다. 그 결과에 대해서 잘했으면 인정하고, 못 하더라도 처음이니까 그렇다고 독려해준다.
- 동기부여와 칭찬에 후하다.

내용을 가만히 살펴보면 크게 두 가지로 분류할 수 있다. 하나는 일에 관한 것으로 목표 설정과 부여, 의사결정, 업무 분장이다. 다른 하나는 인간관계로 품성, 관심과 인정, 칭찬과 동기부여이다.

사실 조직을 이끄는 리더 입장에서 내용만 본다면 자신도 그렇게 하고 있는데 과연 직원들이 존경하고 있을까를 생각하면 자신이 없을 것이다. 직원들의 마음속에 깊이 간직돼 '나도 저분처럼 되고 싶다'는 롤모델이 된 리더들은 일과 사람 관계에 차별화된 경쟁력이 있다. 그렇다고 그들이 항상 동료 리더들과 다른 것은 아니다. 때로는 너무나 일반적이고 어떤 면에 있어서는 부족하기도 하지만 이들은 함께하는 직원들의 마음속에 깊이 각인돼 있다.

좋은 리더로 성공하는 비결은 무엇인가

필자는 31년의 직장생활 전부를 인사 업무를 수행하면서 조직장의 중요성을 인식하게 되었다. 그래서 기존 조직장뿐만 아니라 조직장이 될 예비 팀장과 예비 경영자에게 관심을 가지고 철저하게 검증하는 여러 제도를 수립해 실행해왔다. 최근 2년 동안 가장 많이 한 강의 주제는 '리더의 역할과 조직 장악하기'이다.

사실 우리나라 기업의 경영자와 관리자들은 체계적이고 지속적인 리더 교육을 받지 못했다. 어느 날 조직장으로 인사발령을 받으면 팀원 수준을 벗어나지 못한 팀장이 되거나, 팀장 수준을 벗어나지 못하는 본부장이나 실장의 역할을 하게 된다. 팀장의 역할과 임원의 역할을 알지 못하기에 모셨던 팀장이나 임원이 했던 것을 그대로 답습하게 된다. 그래서는 직원들에게 존경을 받기는커녕 '구관이 명관'이라는 소리를 들어야 한다. 직원들의 마음속에 각인된 리더는 어떤 행동을 할까?

첫째, 자기관리에 철저하다. 자신만의 강한 신념과 가치관으로 무장해 부단히 자신을 계발하며 스스로 자신을 지키는 능력과 경쟁 속에서 이기는 습관을 갖고 있다. 타인의 지시에 의해 이끌리기보다는 주도적이고 자율적으로 자신을 이끌며 겸손하면서도 도전과 악착같은 실행력을 보인다.

둘째, 사업과 고객을 명확하게 인식하고 가치와 성과를 창출한다. 그들은 회사 사업의 본질과 환경 변화 속에서 어떻게 본질을 바꿔야 하는가에 민감하다. 고객이 누구이며 고객의 니즈가 무엇인지 정확하게 파악하여 감동을 주기 위해 부단히 노력한다. 회사와 고객의 이익을 위해 작은 변화에도 귀기울인다. 무엇을 위해 일하는지를 분명하게 알고 있기에 명확한 목표를 수립하여 선제적으로 대응한다. 목표를 달성하기 위한 철저하고 체계적인 계획을 수립하고 개선해가며 가치와 성과를 부단히 향상한다.

셋째, 전략적 의사결정을 하며 정확하게 전달한다. 그들은 리더가 하는 일은 의사결정임을 잘 알고 있다. 회사, 상사와 연계돼 길고 멀리 보며 전체의 파이를 키우는 전략적 의사결정을 해야 함을 잘 알고 있다. 그뿐만 아니라 결정 사항이 제대로 실행되기 위해서는 왜 이 일을 해야 하는지 알려주어야 한다는 것을 알고 있다. 그들은 해야 할 일의 큰 프레임을 제시하여 한마음 한 방향으로 이끈다. 조직문화의 대가인 정진호 소장은 저서 『가치관으로 경영하라』에서 그 중요성과 함께 구체적인 방법까지 소개하고 있다.

넷째, 사람들과 함께해야 함을 잘 알고 있다. 그들은 혼자 잘해서는 절대 획기적인 목표를 달성할 수 없고 함께해야 함을 잘 알고 있다. 그들이 가장 먼저 하는 일은 '하나 됨'이다. 비전, 핵심가치, 조직의 그라운드룰을 정해 하나됨으로 이끈다. 개개인의 꿈과 애로사항을 묻고 도와주려고 노력한다. 항상 소통하며 개개인의 문제에 대해 파악하고 함께 고민한다. 인정하고 칭찬하며 진정성 있는 질책으로 구성원의 마음을 훔친다. 사람들의 마음속에 자신이 간직되도록 적극적으로 표현한다. "김 과장이 있어 이 일을 해낼 수 있었네." "지난번 본부장님의 코칭 덕분에 수렁에 빠진 일을 이렇게 성공으로 이끌게 되었습니다."“이 대리, 아이가 태어나 힘들겠다. 내가 무엇을 도와줄까?” 그들은 조직과 함께하는 사람들을 성장시키는 것을 자신의 책임으로 삼는다. 10명의 우군을 만드는 것보다 1명의 적을 만들면 안 되는 것을 잘 알고 있다.

어떻게 직원을 변화 발전시킬 것인가

성격은 바꾸기 어려우니 태도를 바꿔라

A과장은 급하고 욱하는 성격이다. 지시가 끝나기도 전에 "알았습니다." 하고 나간다. 몇 번 지적하고 주의를 줘도 그때뿐이고 변하지 않는다. 근무하다가 자신의 생각대로 되지 않으면 큰 소리로 짜증을 낸다. 업무 협조를 했는데 도움을 주지 않거나 급하게 일하고 있는데 방해하는 사람이 있으면 참지를 못한다. 조금이라도 불합리하다고 판단되면 그 자리에서 따진다. 워낙 성격이 급하고 화를 내니까 다들 'A과장은 그런 사람이야.'라고 단정하며 피하곤 한다.

B대리는 꼼꼼하며 매우 성실하지만 부탁을 거절하지 못한다. 본인도 일이 밀려 있는 상태이지만 부탁을 받으면 알았다고 한다. 입사 초기에는 일이 많지 않아 직원이나 상사의 요청을 들어줘도 큰

문제가 없었다. 하지만 주임을 지나 대리가 되면서 혼자 수행하기에는 버거운 중요하고 급한 지시가 떨어진다. 담당 직무도 회사에 미치는 영향이 크고 전문 역량과 시간을 많이 필요로 하는 과제들이 많다. 사원부터 일을 잘하고 남의 요청을 모두 들어주던 B대리였기에 많은 사람이 다양한 부탁을 한다. 그래서 B대리는 매일 야근이다. 이제는 자신의 일이 지연돼 팀장에게 질책을 받는다. 팀장은 본인의 일이 우선이며 할 수 없을 때는 냉정하게 거절하라고 강하게 이야기했지만 B대리는 오늘도 개인 사정으로 조퇴한 과장의 일을 처리하고 있다. 자신의 일은 책상 위에 쌓여 있다.

성격은 바꾸기 힘들다. 급하고 욱하는 A과장의 성격이나 부탁을 거절하지 못하는 B대리의 성격을 바꾸기는 어렵다. 하지만 자신의 성격이 직장생활에 안 좋은 영향을 준다는 사실을 인식하고 고치려고 노력한다면 태도를 바꿀 수 있다. 안 좋은 일이 발생했을 때 어떤 자극을 받았는가, 성격을 바꿔야 한다고 인식했는가, 변화하기 위해 지속적으로 노력했는가에 따라 행동에 변화가 일어난다.

상사의 역할은 이끌고 도와주는 것이다

결국 보다 바람직한 모습으로 변화하는 것은 전적으로 본인의 생각과 노력에 달려 있다. 하지만 우리는 수많은 경험을 통해 변화가 쉽지 않음을 알고 있다. 오죽하면 작심삼일이란 말이 나오겠는가? 그렇다고 평생 안 좋은 언행으로 지낼 수 없다. 특히 함께 생활하며 성과를 창출해야 하는 직장에서 개인의 과격한 돌출 행동은 개인뿐만 아니라 집단에 많은 부정적 영향을 미친다. 개인의 문제라고 치부할 수가 없다. 더 바람직한 모습으로 변화하도록 이끌고 도와주는 것이 상사의 역할이다.

바람직하지 않은 언행을 하는 직원이나 더 높은 단계로 가지 못하는 직원을 변화하게 하는 두 가지 방법이 있다. 하나는 새로운 환경에서 일하게 하는 방법이다. 다른 하나는 일하는 방법을 바꿔주는 방법이다.

새로운 환경에서 일하게 하는 방법은 새로운 부서에 배치해 지금까지 했던 업무가 아니라 다른 일을 하게 하는 것이다. 단순히 사람이 싫어 다른 곳으로 배치하는 것이 아니라 기본적으로 본인이 가진 잠재 역량을 찾아 발현할 수 있는 부서로 옮기고 역량에 맞는 일을 부여한다. 본인도 알지 못하는 잠재 역량이 있다. 상사는 구성원 한 명 한 명에게 관심을 가지고 강점과 보완점을 살펴 강점을 강화해야 한다. 이 과정에서 구성원의 잠재 역량을 파악해 더 잘할 수 있는 곳에 배치하는 것이 적재적소다.

적재적소는 일 잘하는 구성원을 더 잘하도록 하는 최고의 육성법이다. 문제는 잘하는 구성원이 아니라 힘들게 하는 구성원이다. 이들을 변화시키기 위해 자극을 주는 것이다. 새로운 부서에서 경험해보지 못한 다른 일을 하게 되었을 때 느끼는 불안과 충격은 크다. 입장이 바뀌어 상대의 어려움을 느껴보게 하는 방법이기도 하다. 이 자극이 기존의 부정적 언행을 변화하도록 이끄는 원동력이 될 수 있다.

일하는 방식을 전환하는 것은 과거부터 지금까지 해온 경험과 일하는 방식을 바꾸게 하는 것이다. 상사의 노력이 무엇보다 중요하다. 현재의 모습과 바람직한 모습과의 차이를 제시하고 어떻게 바뀌어야 함을 명확하게 알려줘야 한다. 이보다 중요한 것은 지속적으로 모니터링하며 피드백하는 것이다. 우리는 회귀 본능이 있다. 익숙한 것을 더 선호한다. 따라서 상사는 지속적으로 모니터링하고 피드백을 함으로써 과거로 회귀하지 않고 새로운 방식이 습관화되도록 이끌어야 한다.

직원의 역량과 성과는 상사의 리더십에 비례한다

처음 입사할 때 어떤 상사를 만나느냐에 따라 직장생활이 달라진다고 한다. "용장 밑에 약졸 없다."라고 한다. 상사의 역할이 중요함을 모르는 사람은 없다. 일이 잘못되거나 실패한 이유는 직원의 잘못이 아니라 상사의 문제일 수도 있다. 인사부서가 더 집중해야 할 점은 상사의 선발과 유지 관리가 아닐까 생각한다.

리더가 가장 잘해야 할 일은 무엇인가

리더에게 가장 중요한 일은 의사결정이다

임원이나 팀장을 대상으로 강의를 하면 항상 묻는 것이 있다. "임원이나 팀장으로 일하면서 한 수많은 일 중에 가장 중요한 일이 있다면 무엇입니까?" 방향 제시, 성과 창출, 조직 관리, 직원 육성, 상사와의 관계 관리 등 다양한 답변이 나온다. 필자는 개인적으로 '의사결정'이라고 생각한다.

리더의 의사결정은 조직과 구성원을 위기에 빠뜨리기도 하고 성장으로 이끌기도 한다. 최근 러시아의 우크라이나 침공의 예를 보면 푸틴 대통령과 지도부는 우크라이나 전쟁이 길면 한 달 안에 끝날 것으로 자신들의 승리를 장담했을 것이다. 월등한 군사력, 우크라이나 군인과 국민들의 수준, 정부의 분열 등이 이러한 판단의 기준이 되었을 것이다. 쉽게 끝날 것이라는 전쟁은 1년을 훌쩍 넘겼다. 푸틴의 의사결정은 우크라이나의 많은 도시를 폐허로 만들어 버렸다. 유엔난민기구는 2022년 12월 기준 외국으로 피란한 우크라이나 국민이 1,550만 명에 이르는 것으로 집계했다. 전체 인구 4,350만 명의 35.6%가 난민이고 국내 실향민은 650만 명이다. 2023년 3월 기준 러시아군와 우크라이나군의 사상자 수 약 35만여 명이나 된다. 전쟁은 코로나 팬데믹에 이어 전 세계 경기를 위축시키는 원인을 제공했다.

올바른 의사결정은 어떻게 해야 하는가

임원이나 팀장이라면 올바른 의사결정을 신속하게 내려야 한다는 것은 모두 알고 있다. 문제는 실행이다. 모든 리더는 올바른 의사결정을 하길 원한다. 하지만 자신이 내린 의사결정이 옳다는 확신이 없다. 바람직한 모습이나 방향이 보이지 않는다. 어떻게 올바른 의사결정을 할 수 있는가?

첫째, 의사결정을 위한 사전 기반이 튼튼해야 한다. 기업의 임원과 팀장이라면 사업의 본질을 명확하게 알아야 한다. 제품과 서비스에 대한 밸류체인, 단계별 핵심요인, 회사의 현재와 미래의 전략, 최소 3년의 재무 현황, 조직과 개인의 내부 역량, 시장과 고객의 니즈 변화, 경쟁사의 현 위치와 전략에 대한 이해는 사전 기반이다.

둘째, 전사적 관점으로 의사결정을 한다. 개인과 자신이 속한 조직의 이익을 위한 의사결정은 편협할 수밖에 없다. 이기에 의한 결정은 전체에 피해를 줄 수 있다. 받기만 하고 주지는 않는다면 누가 지속적으로 주려고 하겠는가? 리더라면 상생과 전체의 이익을 위한 의사결정을 해야 한다.

셋째, 의사결정을 신속하게 한다. 혼자 많은 요인을 고려해 빠른 의사결정을 내리는 것도 중요하지만 혼자가 아니라 여러 조직과 담당자가 함께 해야 할 일이라면 의견을 듣고 의사결정을 내려야 한다. 한 명 한 명 찾아가 의견을 듣고 종합하여 결정을 내리는 것은 불가능하다. 결정 사안에 대해 영향을 주는 모든 사람을 한곳에 모아놓고 주관자가 설명하고 토론하면서 함께 신속하게 결정을 내려야 한다. 많은 반대 의견을 듣고 최선의 방안을 도출하는 것이 리더의 역할이다.

넷째, 의사결정을 위한 자신만의 틀이 있어야 한다. 자료 수집, 분석 방법, 대안 설정, 최적안 결정, 추진 계획 수립, 실행과 같은 틀이 있어 합리적으로 의사결정을 해야 한다. 또한 자신이 내린 결정을 신뢰할 수 있어야 한다. 자신이 신뢰하지 못하는 결정을 남에게 지시하고 실행하라고 해서는 안 된다.

다섯째, 결정된 사안에 책임을 져야 한다. 자신이 내린 결정에 대해 처음부터 마지막까지 책임을 져야 한다. 많은 조직에서 일을 맡지 않으려 하거나 요청을 거절하는 이유 중 하나는 책임 전가이다. 직원들이 상사를 신뢰하지 않는 이유 중 하나도 책임 전가 때문이다. 조직의 장이라면 조직에서 일어난 수많은 일에 책임을 져야 한다. 내가 한 일이 아니기 때문에 책임질 수 없다는 조직장은 리더가 아니다.

의사결정을 올바르고 신속하게 하는 리더는 자신이 맡은 직무에 대한 전문성은 기본으로 갖추어야 한다. 이 못지않게 중요한 것은 마음가짐이다. 주어진 일에서 얻고자 하는 바가 무엇이고 가장 바람직한 모습, 방향, 그리고 회사에 성과를 창출할 수 있는 프로세스에 대해 항상 고려해야 한다. 나를 힘들게 하는 직원도 집에서는 사랑받는 아들딸이거나 존경받는 아버지이며 어머니이기도 하다는 것을 인지하고 제 몫 이상을 하며 인정받도록 마음을 다해 이끌어야 한다. 의사결정의 최우선은 함께하는 조직과 직원을 경쟁력 있게 만드는 일이기 때문이다.

한 가지 꼭 명심해야 할 점이 있다. 기업은 친목 단체가 아니다. 기업이 지속적으로 성장하기 위해서 리더는 반드시 성과를 창출해야 한다. 자신의 의사결정으로 새로운 가치와 높은 성과를 창출할 수 있어야 한다. 물론 구성원들과 함께 가야 가능한 일이다.

어떻게 리더는 말해야 하는가

리더는 머리와 입으로 일한다

리더가 가장 잘 해야 하는 일이 의사결정이라면 리더가 바빠야 할 신체는 바로 머리와 입이다. 냉철하고 논리적으로 판단하여 결정하고 신속하고 명확하게 전달함으로써 구성원이 정확하고 효율적으로 업무를 실행하도록 해야 한다.

리더의 의사결정은 전체를 생각하고 올바르며 신속해야 한다. 리더의 생각이 사업의 트렌드와 회사의 존재 이유와 목적에 일치하지 않으면 조직과 구성원들이 한 방향 정렬이 안 되고 갈등이 생긴다. 그렇게 되면 팀워크가 좋지 않고 낮은 성과를 낼 것이다. 리더는 길고 멀리 보며 사업과 회사의 방향과 전략, 제품과 서비스, 조직과 구성원의 역량, 시장과 경쟁사의 움직임, 고객의 니즈 등을 고려하여 의사결정을 해야 한다. 리더가 사무실에만 있어도 회사 안팎의 정보와 자료를 취합하고 분석하여 의사결정을 내리고 현장을 알고 장악해야 한다. 예상되는 리스크를 고려해 사전에 조치가 되도록 시나리오를 짜고 가장 합리적이며 효과적인 최적안을 갖고 있어야 한다.

리더의 지시에는 위엄이 있어야 한다

구성원들이 리더를 존경하고 따르는 것은 리더의 직책, 나이, 경험, 업적도 있겠지만 더 큰 영향력은 구성원들이 생각하지 못한 수준의 아이디어를 갖고 의사결정을 하며 실행하도록 지시하는 데 있다. 리더가 회사 돈을 자기 돈 쓰는 것처럼 말한다거나, 앞뒤 이야기가 다르고 겉과 속이 다른 지시를 한다거나, 자신은 하지 않으면서 구성원에게 하라고 강요한다거나, 자기 이익을 가장 먼저 추구한다면 상사에게는 말 한마디 못 하고 조직원에게는 반말과 질책으로 일관하고 책임은 지지 않는다면 이런 리더의 지시에 구성원들은 하는 체만 할 것이다.

리더는 실패마저도 동기부여로 이끈다

S물산의 김 이사는 중동 담당으로 상사맨이라는 자부심이 대단하다. 초기 대리 때는 중동에서 생산하지 못하는 공산품과 기호품

중심의 물건을 한국에서 가져가 수출했지만 이사가 된 지금은 자동차를 수출하고 원유를 수입하는 일을 담당한다. 큰 규모의 자동차 수출과 원유 수입을 하며 김 이사는 승승장구했고 회사에 대한 로열티가 강하다.

김 이사가 차장 때 전쟁으로 모든 것을 잃게 된 때가 있었다. 당시 그는 자신의 실패로 인해 회사가 큰 피해를 입은 것에 책임을 지고 사장에게 사직서를 제출했다. 사장은 "김 차장, 회사가 김 차장이 이 자리까지 오도록 얼마나 많은 투자를 한 줄 아는가? 이번 일로 회사에 잘못을 했다면 회사에 몇 배 이상 매출과 이익을 창출하면 되지 않겠나? 이번 일에서 교훈을 얻어 높은 성취를 이끌어 보게나."라고 타이르며 사직서를 반려했다.

실수하거나 실패한 직원이 그 원인을 더 잘 알고 있다. 그들을 불러 질책하기보다는 실패의 교훈에서 성과를 창출하도록 동기부여하는 것이 리더이다.

질책이 직원들을 변하게 할 수 있는가

사외이사 특강 전에 회사 CEO의 말씀 시간이 있다. 대부분 10분에서 길게 하면 30분 수준이다. 그런데 이 회사는 한 시간이 배정돼 있었다. CEO가 연단에 올라가 인재육성 부서에서 준비한 자료를 보지 않고 본부장을 호명했다. 본부장의 불참 이유를 묻고, 참석한 조직장을 대상으로 불참 이유에 대한 불만을 토로했다. 이어 조직장들이 위기의식이 없고 절박하지 못하다고 훈계하기 시작했다. 영업 실적 하락에 대해 영업본부장은 뭘 하고 있었으며 지난 6개월 성과가 무엇이냐고 물었다. 생산 불량으로 인한 핵심 거래처의 클레임 사건을 사례로 들며 생산 조직장들에게 전부 일어나라고 한 후 고개 숙여 사죄하라고 했다. 연구개발R&D 본부는 신제품 개발과 출시가 지연되고 있고 마케팅 본부는 한발 늦은 조치와 고객 대응이 제대로 되지 않음을 질책했다.

주어진 한 시간을 지나 두 시간이 가까워졌지만 그 누구도 다음 시간이 외부 강사라고 말하지 못했다. CEO의 질책이 어떻게 그들에게 전달되었을까? 그들은 CEO를 어떻게 생각하고 있을까? 잘못한 부분에 대해 어떻게 조치하고 만회하려고 할까? 무슨 생각과 과제를 가지고 어떻게 뛰어다닐까?

존경받는 리더의 조건은 무엇인가

존경받는 리더는 올바른 마음가짐을 가져야 한다. 말 한마디에도 품격이 느껴지려면 교양이 있어야 한다. 무엇보다 상대를 이해하고 상대가 원하는 바를 이루어주려는 배려가 있어야 한다. 말을 통해 얻고자 하는 바가 분명하게 전달되도록 프레임이 명확해야 한다. 상대의 말을 경청하며 알기 쉽고 편하게 사례와 숫자를 들어가며 짧게 이야기해야 한다. 존경받는 리더가 말하는 5가지 조건은 다음과 같다.

1. 듣는 사람을 이해하고 원하는 것을 알고 있다.

2. 말하기 전에 상대를 배려하고 올바른 마음가짐을 가지고 있다.

3. 상대가 듣기 쉬운 용어를 선택하고 간결하고 긍정적인 문장을 사용한다.

4. 사례, 숫자, 비유 등 풍부한 교양과 품격을 갖춘다.

5. 상대의 말을 경청하고 말을 할 때와 안 할 때를 구분한다.

사실 소통이 안 되고 직원들이 말문을 닫고 경영자나 조직장을 힘들게 하는 근본 원인은 경영자나 조직장 본인에게 있는 것은 아닌가?

어떻게 직원을 질책할 것인가

칭찬과 질책으로 키워야 한다

어떻게 직원들이 일에 대한 자부심, 정체되지 않고 성장한다는 마음, 직장생활을 하는 즐거움을 느끼고 몰입하게 할 것인가? 직원을 배려하고 동기부여를 하며 성장으로 이끄는 칭찬과 질책에 대해 어떻게 생각하는가? 칭찬은 고래도 춤추게 한다. 의도가 없는 칭찬을 듣는다면 그 누구라도 기쁠 것이다. 초등학교 시절 칭찬 없이 자란 아이가 선생님의 칭찬 한마디로 인생이 바뀐 사례를 다들 들었을 것이다. 부서장 교육 시에도 칭찬과 인정을 하라는 말을 수 없이 듣는다. 다음은 지인이 보내준 칭찬 10계명이다.

1. 소유가 아니라 재능을 칭찬하라.

2. 결과보다 과정을 칭찬하라.

3. 타고난 재능보다 의지를 칭찬하라.

4. 나중이 아니라 즉시 칭찬하라.

5. 큰 것보다 작은 것을 칭찬하라.

6. 모호하지 않게 구체적으로 칭찬하라.

7. 사적으로보다 공개적으로 칭찬하라.

8. 말로만 그치지 말고 보상으로 칭찬하라.

9. 객관적으로보다 주관적으로 칭찬하라.

10. 남을 칭찬하기보다 자신을 칭찬하라.

팀장이나 임원 중에 칭찬과 인정이 얼마나 중요한지를 모르는 사람은 없다. 필자가 팀장과 임원 교육을 할 때마다 일주일에 몇 번 정도 칭찬하는지 물으면 대부분의 팀장이나 임원은 응답하지 못한다. 알고는 있지만 실천하지 못하기 때문이다. 칭찬에 익숙하지 않거나 칭찬이 불러올 수 있는 부작용을 생각하는 듯하다. 하지만 칭찬과 인정은 많이 하면 할수록 좋지 않겠는가?

그런데 부서장으로서 더 힘들어하는 것은 질책이다. 자녀가 적은 가정에서 귀하게 자란 MZ세대들은 칭찬에 익숙하고 꾸중과 질책은 해서는 안 된다고 생각하는 경향이 있다. 아이를 키우는 부모라면 칭찬만으로 아이를 올바로 이끌 수 없음을 안다. 훈계 없는 양육은 자식을 공부하게 할 수는 있겠지만 사회에 나가 올바른 가치관을 바탕으로 품격 있는 언행을 할 수 있도록 가르칠 수는 없다. 직장에서도 마찬가지이다.

중요한 것은 꾸중과 질책을 하는 부서장의 마음가짐과 행동이다. 칭찬과 질책 모두 두 가지 마음이 있어야 한다. 하나는 진정성이 담긴 관심이다. 다른 하나는 직원을 성장시키겠다는 의지이다. 직원의 성장을 바라며 관심을 갖고 지켜보며 바람직하지 않은 행동에 대해서는 그 마음을 알도록 질책한다면 싫어하는 직원은 없을 것이다. 그 마음을 알기에 바로 반성하며 상사를 존경하고 따르게 된다. 직원의 잘못된 언행을 평소에는 무관심하게 지켜보다가 인사평가나 승진과 같은 중요한 순간에 부정적으로 처리하는 상사를 직원들은 어떻게 바라보겠는가? 결국은 직원에 대한 부서장의 마음가짐과 행동이 조직과 직원을 성장시키고 하나 되게 한다.

일방적인 호통은 지치게 한다

경영 회의가 시작되었다. 매주 금요일 진행하는 회의지만 항상 긴장이 흐른다. 각 본부장이 실적과 차주 계획을 발표한다. 실적이 좋은 본부는 빠르게 지나가지만 실적이 좋지 않으면 가장 먼저 죄송하다는 말부터 꺼낸다. 원인만 있고 대책은 없으면 그때부터 CEO의 호통이 시작된다. 20여 분 고함을 지르며 인신공격도 서슴지 않는다. 호통을 끝내자마자 일어나서 "그만해!" 하고 나가버린다. 보고를 하지 못한 본부장과 보고를 마친 본부장 모두 아무 표정이 없다. 한두 번 경험한 것이 아니기 때문이다.

어떻게 효과적으로 질책해야 하는가

회사에서 질책의 목적은 잘못한 부분을 알고 피해를 최소화하고 성장의 기반으로 삼아 향후 더 큰 성과를 창출하는 데 있지 않을까? 질책을 하기 전에 다음과 같은 점을 고려해야 한다.

- 질책할 내용인가?
- 어느 시점에 질책할 것인가?
- 어떤 방법으로 질책할 것인가?
- 질책 후 소기의 목적을 달성하기 위해 고려할 점이 무엇인가?
- 질책의 파급 효과는 무엇인가?

첫째, 질책할 내용과 관련해서는 우선 지적과 질책의 구분이 필요하다. 보고서의 오탈자, 사소하고 소소한 실수, 용어나 단어의 잘못된 선택 등 회사에 끼치는 피해가 적은 잘못에 대해서는 지적하는 것이 맞다. 밑줄을 긋거나 툭 던지는 한마디로 충분하다. 질책은 눈물이 날 정도로 혼내 반성하고 다시는 잘못을 안 하도록 만드는 것이다. 조직장을 질책하는 상황은 방향을 제때 못 잡거나, 우물쭈물하며 결단을 못 내리거나, 조직과 인재 육성에 소홀히 하거나, 전사적 관점이 아니라 자신과 조직만을 위한 이기를 보이는 경우 등이다.

둘째, 질책의 시점은 잘못한 그 순간보다는 하루 고민해보고 결과에 따라 질책하는 것이 바람직하다. 큰 잘못에 대해 즉각적으로 질책하기보다는 명확히 인식하게 하고 대책을 빠르게 고민해 결과를 보며 질책할 것인지, 지원할 것인지를 판단하는 것이다. 냉철하게 자신을 돌아보는 시간이기도 하다.

셋째, 질책의 방법은 다음과 같다. 공개 석상에서 일방적 화풀이식의 질책을 해서는 안 된다. 오직 잘못한 그 사람에게만 직접 질책한다. 비교 갈등, 상처를 주는 말, 분노의 노출, 이전 잘못의 거론 등 말의 품격을 잃는 행위는 하지 않는다. 잘못한 내용에 대한 지적보다는 해결 방안의 내용을 중심으로 말한다. 일방적이고 극단적인 대화로 흐르지 않도록 해야 한다.

넷째, 질책 시 고려해야 할 점이 있다. 질책을 받은 직원이 질책에 감정이 상해 분개하거나 앙심을 품거나 바람직하지 않은 행동을 하도록 내버려 두어서는 안 된다. 질책을 받으면 기분이 좋을 수는 없다. 질책한 후 위로하고 마음을 풀어주는 시간이 반드시 있어야 한다. 잘못한 내용에 대해서는 빠른 보고가 이루어지도록 관심을 가지고 지켜보며 진행 정도에 따라 격려해야 한다. 처리가 끝났을 때 매뉴얼 비슷하게 사례로 정리하고 처리에 대한 노고를 위로해야 한다. 하지만 같은 잘못을 또 하게 되면 냉정해야 한다.

다섯째, 조직장이라면 질책의 파급 효과를 염두에 두어야 한다. 재발을 방지할 뿐만 아니라 실패에서 교훈을 찾고 배우는 문화가 정착되도록 하는 것이 좋다. 사내 교육과 핵심가치 실천 사례로 공유하는 등의 여러 방안이 있다. 예를 들어 실패 사례집을 만들어 전 직원에게 공유하는 방법이 있다.

질책이 효과적으로 되었는가? 아니면 질책으로 조직과 구성원의 사기가 저하되고 분위기가 침체되었는가? 이는 결국 질책하는 사람의 인성이나 리더십 등에 달려 있다. 조직장은 그 순간 화가 난다고 상처가 되는 말을 쏟아내거나 보고서를 던지는 등의 행동을 해서는 안 된다. 조직과 구성원의 내일을 보며 오늘 잘못한 일에 대해 지혜롭게 조치해야 한다. 질책에 대해 깊이 느끼고 이를 기반으로 팀워크가 더욱 굳건해지고 좋은 성과를 창출하도록 해야 한다. 물론 성과에 대한 압박과 책임은 CEO와 조직장이 실무 담당자보다 훨씬 강하다. 길고 멀리 보며 함께 성장하여 성과를 내도록 이끄는 사람이 CEO와 조직장이다.

어떻게 직원 경험을 높일 것인가

일 많이 하는 것과 성과는 별개다

J는 매일 7시쯤에 출근하여 점심시간을 제외하고 자리에서 일어나지 않는다. 점심 식사 후 퇴근 시간까지 자리에 앉아서 일한다. 잠시 혼자 저녁을 먹고 온 후 항상 9시 넘게까지 일한다. J가 열심히 한다는 것은 누구나 알지만 일을 많이 한다는 것과 성과가 높다는 것은 별개인 듯하다.

영업사원 A대리는 매일 노력한다고 했지만 때로는 생각하지 않은 일로 문제가 발생한다. 선배나 상사의 꾸중을 듣다 보면 화가 난다. A대리는 지난달부터 매일 20곳의 거래처를 방문했다. 다른 영업사원보다 2배 이상 열심히 하는데 실적이 없다. 매출은 항상 본부에서 가장 떨어진다. 오늘도 A대리는 거래처 방문을 이어간다.

시간과 노력을 다했지만 주변에서 가치를 인정해주지 않고 성과로도 이어지지 않는 이유는 무엇일까? 여러 가지 이유가 있겠지만 지금 자신이 하는 일이 쓸데없고 무의미한 일은 아닌지 살펴봐야 한다. 효율적으로 일하라는 것은 일의 생산성을 이야기하는 것이다. 자신이 하는 일이 생산성이 높은가를 살펴야 한다. 일했으면 새로운 가치와 성과를 창출해야 하는데 그렇지 못할 때는 일의 방향과 방식이 잘못되었을 가능성이 크다. 이것을 당사자에게 원인을 찾아 해결하라고 하면 지식이나 경험이 미숙하여 매우 힘들어하게 된다. 업무의 방향과 해야 할 일을 결정하고, 어떻게 효율적으로 실행할 것인지 계획하는 단계에서 조직장의 세심한 배려와 지도가 필요하다.

조직장의 동기부여가 중요하다

모든 직원은 회사 이익에 기여하기를 원한다. 영업이나 생산처럼 직접 제품을 만들거나 판매함으로써 매출을 올리고, 영업이익에 기여할 수 없는 재무, 인사, 기획과 같은 간접 부서도 직·간접으로 매출과 이익에 기여하기를 원한다. 모든 직원은 자신이 하는 일이 무의미한 일이 되길 원하지 않는다. 자신이 하는 일이 회사 이익에 기여한다는 생각을 하면 힘이 솟는다. 직원들은 일에 대한 자부심과 정체되지 않고 성장한다는 마음, 일하는 즐거움을 느끼며 생활하기를 원한다.

따라서 조직장은 단순히 직원들에게 일을 배분하는 것으로 역할을 다했다고 생각해서는 안 된다. 직원의 강점을 발견하여 이를 고려해 일을 맡겨야 한다. 잘할 수 있고 좋아하는 업무를 부과하면 더 성과가 나게 돼 있다. 결국 조직장은 직원이 더 높은 수준의 일을 추진하면서 생산성을 높이고 성과를 창출하도록 동기부여를 잘해야 한다. 직원의 지식, 경험, 일에 임하는 태도 등을 고려하여 현재 수준보다 한 단계 높은 업무를 부과함으로써 직원이 스스로 노력하여 달성하는 성취감을 맛보게 하는 것이 중요하다.

조직장의 임무는 성과 창출이다

성과를 창출하는 조직장에게는 몇 가지 특징이 있다. 첫째, 정도경영, 솔선수범, 악착같은 실행으로 모범을 보인다. 직원들은 일상생활에서 조직장의 언행을 보며 따라 하는 경향이 있다. 조직장이 올바른 가치관을 갖고, 솔선수범하며, 악착같이 실행한다면 직원들은 따라 하게 된다.

둘째, 일관성과 지속성이 있다. 모범을 보이는 행동이 일시적이 아니라 장기간에 걸쳐 일관성과 지속성이 이어지면 직원들은 '이 또한 지나간다'는 생각을 하지 못한다. 우리 조직장은 한다고 하면 반드시 해낸다는 인식을 하게 된다.

셋째, 상대와 윈윈하는 소통 역량이 있다. 소통 역량은 직원의 성격이나 역량을 관심 있게 지켜보며 강점을 잘 발휘하도록 도움으로써 성장과 성과를 이끄는 역량이다. 조직장은 직원에게 진정성을 보여야 한다. 자신이 하는 일이 가치가 있고 성과를 낼 수 있겠다는 생각이 들면 동기부여는 저절로 된다.

왜 직원들은 만족하지 못하는가

업무환경은 나아졌는데 만족하지 못한다

필자가 직장생활을 시작했을 당시와 비교하면 지금의 대기업의 사무 환경은 놀랄 정도로 개선되었다. 거의 호텔 수준이다. 강의나 자문으로 기업에 방문하면 원하는 음료수를 언제든지 마실 수 있다. 휴식을 취할 수 있는 공간이 별도로 있고 무엇보다 화장실의 변화가 크다. 식당의 메뉴는 몇 가지 종류가 있어 선택할 수 있고 밖에 나가 자유롭게 사 먹을 수도 있다. PC는 기본이고 직원들 모니터가 두세 개이다. 사무실 전화는 거의 사용하지 않고 개인 핸드폰을 쓴다. 대부분 칸막이가 돼 있어 프라이버시가 보장되고 개인 방으로 돼 있는 곳도 있다. 요즘 직원들에게 직장생활에 만족하냐고 물어보면 무엇이라 대답할까?

직원들의 눈높이가 매우 높아졌다

직장인마다 만족도에는 차이가 있을 것이다. 기대하는 수준이 높은 사람들은 상대적으로 불만 수준이 높을 것이다. 대기업과 중소기업의 차이도 클 것이다. 하지만 전반적으로 과거와 비교해 지금은 생활 수준이 매우 높아졌다. 직원들의 눈높이가 상당히 높아진 상태이기 때문에 훨씬 더 높은 수준이 아니면 만족하기 어려운 상황이 되었다. 직장인에 국한하여 직장생활에 만족하지 못하는 이유를 살펴보면 몇 가지 시사점을 찾을 수 있을 듯하다.

첫째, 직장생활과 일에 대한 불명확한 의의와 목표 때문이다. 직장생활을 하는 의의와 목표가 불명확하다 보니 일에 대한 자부심과 재미를 느끼지 못한다. 왜 일하며, 어느 수준까지 도달할 것인가가 불명확하니까 만족도가 낮을 수밖에 없다.

둘째, 성장에 대한 욕구 때문이다. 과거에는 상사와 선배에 의한 지도가 당연했다. 그들로부터 배웠고 그 과정에서 인간적 정과 관계가 형성되었다. 다른 직장에서 일한다는 생각을 거의 하지 않았기 때문에 회사 내 관계 속에서 성장을 추구했다. 그 당시에 가르치는 수준과 방법의 정도 차이는 있었겠지만 상사와 선배에 의한 지도는 기본이었다. 요즘 젊은 직원들은 사무기기의 발전과 높은 수준의 개인 역량으로 회사 업무를 하면서 자신의 역량을 제대로 활용하지 못하고 낭비하고 있다는 생각을 갖게 된다. 해보고 싶은 일들이 너무나 많다. 상사와 선배에게 배우는 것이 아니라 도리어 알려주는 상황이 되었다. 관습에 젖어 가치를 창출하지 못하는 유지 업무를 수행하는 상사와 고참을 보며 무슨 생각을 하겠는가? 인터넷을 통해 세상의 변화를 느끼고 있는데 좁은 방에서 자신이 하고 있는 한심한 일에 만족할 젊은이는 많지 않을 것이다. 하지만 이곳에서 성장하고 있다고 생각하면 그들은 머물고 더 만족할 것이다.

셋째, 권한 문제 때문이다. 많은 기업이 주인의식을 강조한다. 평생직장이기 때문에 주인의 입장에서 문제를 보며 주도적으로 일하라는 의미이다. 그런데 직원들에게는 스스로 일을 기획하고 추진할 권한이 주어지지 않는다. 온갖 규정에 따른 절차를 지키고 금전과 관련해서는 부서장의 허가를 받아야만 한다. 팀장들도 불만이 많다. 15년 이상 근무하여 팀장이 되었지만 의사결정 권한이 없다. 정해진 전결 권한도 상사에게 말하지 않고 하면 질책을 받는다. 일은 많고 권한은 없다는 말이 나온다. 직원들은 자신이 하고 싶은 것을 하지 못하는 불만이 많고, 팀장들은 상사와의 갈등이 심하다.

넷째, 외부 요인과 비교 갈등 때문이다. 인터넷을 통해 전 세계 정보를 알 수 있는 시대이다. 몰랐을 때는 불만이 없지만 아는데 못 한다면 불만이 생긴다. 나보다 안 좋은 상황과는 비교하지 않는다. 항상 더 나은 조건과 현재의 나를 비교하면서 불만이 증가한다. 하고 싶은 것은 많지만 직장에 매여 있어 할 수 없는 것도 불만의 요인이 된다.

다섯째, 자신이 잘하는지 알고 싶기 때문이다. 나는 일을 잘했다고 생각하는데 일의 결과가 전체의 작은 요인으로 치부되면 일에 만족을 느끼기 어렵다. 자신이 마치 기계의 부속품이 된 듯한 인상을 받는 경우가 있다. 일하지만 성과를 알지 못하면 개선을 할 수 없다. 조직장과 주변에서 그 일이 왜 중요하고, 지금 하는 일이 전체에 어떤 영향을 주고 있는지 설명해야 한다.

이전 직장에서 우리를 힘들게 하는 것이 무엇인가 조사한 적이 있다. 주니어보드를 통해 힘들게 하는 요인 50개를 찾고 그중 20개를 중요성, 긴급성, 실현 가능성의 축으로 선정해 전 직원이 어느 정도 힘들어하는지 설문을 진행했다. 부서와 개인 이기주의, 성과 역량이 요인일 것으로 예상했으나 그보다는 상사와의 관계, 내실보다는 형식 치중, 직원에게는 하라고 하고 자신은 하지 않는 상사의 이중성, 신뢰할 수 없는 관계, 소통의 부재 등 다양한 이유가 상위를 차지했다. 어느 회사나 직원이 만족하지 않는 이유가 있고 모든 해법은 이미 전문가들이 내놓았다. 바람직한 모습을 정해서 따라잡기 위해 노력하거나, 만족하지 못하는 근본 원인을 찾아 대책을 마련하는 실행력이 중요하다. 누구나 알고 있으면서 실천하지 않는다면 그 문제는 더욱 큰 병폐가 돼 조직과 구성원에게 짐이 될 것이다.

어떻게 문제를 해결할 것인가

보이는 것만 집중하면 해결이 안 된다

문제를 바라보는 두 가지 접근 방식이 있다. 하나는 발생된 문제의 원인 중에 근본 원인을 파악하여 해결하는 최적의 대안을 찾아가는 방식이다. 선생님이 학생의 잘못을 지적하고 교정해주는 방식이다. 다른 하나는 미래의 바람직한 모습을 정하고 그 모습을 달성하기 위한 전략을 모색하고 추진 계획을 세워 실행하는 방식이다. 중장기 사업과 인력 운영 전략 등이 이 방식에 포함된다고 볼 수 있다.

최근 조직문화 혁신을 보면 보이는 것에 집중하는 경향이 있다. 스마트 워크라는 이름 아래 행해지는 열린 사무 공간, 주인 없는 자리, 편안한 회의 공간, 재택근무, 자유로운 출퇴근 시간 등 작업

환경의 변화가 그 예이다. 이러한 문제 해결은 전자의 접근 방식으로 임시방편으로 봉합하는 수준이며 새로운 문제와 불만을 일으킬 뿐 근본적인 해결이 되지 못한다.

현장의 목소리를 직접 들어야 한다

인사부서에서 근무하다 보면 현장이 어떻게 돌아가는지 알지 못하는 경우가 있다. 개략적인 분위기는 공식 모임이나 이런저런 자리에서 듣게 되지만 구성원의 불만과 갈등을 구체적으로 들을 방법은 그리 많지 않다. 많은 기업이 소통 활성화를 위해 경영 현황 설명회, 캔 미팅, 호프 데이, 칭찬합시다, 주니어보드 제도, 신문고 형식의 나눔터, 팀장 회의, 팀 차석회의, 각종 위원회, 동호회, 간담회 등을 운영하고 있다. 하지만 소통이 잘된다는 회사는 그리 많지 않다. CEO는 자신의 원칙이나 지시가 현장까지 전달되지 않는다고 말하고, 현장 직원들은 자신의 의견이나 애로사항을 경영층이 알지 못한다고 불만이 많다.

현장의 목소리를 듣기 위해서는 CEO부터 현장 경영을 솔선수범해야 한다. 인사부서는 사업부 단위로 담당제를 운영하여 최소한 분기별로 인사설명회를 실시하면서 각 사업부의 주요 현안을 설문과 인터뷰로 파악하고 피드백을 해야 한다. 임원 단위 조직별 과장급의 가칭 조직문화 담당자를 선정하여 월 1회 정도 주기적으로 미팅을 해서 현장의 목소리를 듣는 것도 한 방법이다.

어떻게 해결하는 것이 효과적인가

구성원의 불만과 갈등을 건건이 해결하기보다는 바람직한 모습을 정해서 이를 실천할 수 있는 전략과 방안을 중심으로 추진하는 것이 더 효과적이다. 대부분 초일류 기업이나 성장하는 회사의 특징을 보면 크게 3가지 방향에서 조직과 구성원을 이끈다.

첫째, 일에 대한 자부심이다. 자신이 하는 일이 회사 이익의 근원이라는 생각을 하게 하고 일에 대한 전문성을 바탕으로 자부심을 고취한다. 둘째, 직장과 직업에서의 성장이다. 내가 배운 것을 이곳에 퍼주고 있다는 생각보다 정체되지 않고 직원의 성장을 돕고 나도 성장한다는 생각을 갖게 한다. 셋째, 즐거움이다. 워라밸, 즉 일과 삶이 조화를 이룬다면 불만이 줄어들 것이다.

사실 이러한 자부심, 성장, 즐거움은 부단한 노력 없이는 실현될 수 없다. 경영층과 관리자의 방향 제시 등의 의사결정과 참여, 제도의 수립과 운영, 전 임직원의 동참과 개선 활동 등이 하나가 돼야 한다. 특히 중요한 것은 현장 관리자의 참여와 지원이다. 구성원들의 이야기를 경청하고 공감하며, 협력하고 도와주며, 일의 결과에 대해 인정과 칭찬을 해야 한다. 합리적이고 도전적인 목표를 부여하고 긍정적으로 피드백을 하고 영향력을 발휘하여 목표를 달성할 수 있도록 신뢰를 쌓아 가야 한다.

어떻게 지속하고 실천할 것인가

이론이 아니라 실제 장기적이고도 일관성 있게 구성원의 불만과 갈등을 해결하기 위해서는 다음 3가지를 시행할 것을 제안한다.

첫째, 추진 조직을 둔다. 개인과 마찬가지로 조직도 생명력이 있다. 조직이 생겨나면 조직을 유지하기 위한 역할과 책임이 생기고 성과를 내기 위한 과제를 수행하게 된다. 추진 조직은 현장 중심으로 운영돼야 한다.

둘째, 현장 관리자와 부단히 소통한다. 아무리 좋은 제도가 있어도 현장 관리자가 도와주지 않으면 할 수 있는 방법이 많지 않다. 현장 관리자를 뛰어넘어 성공하는 제도는 없다. 가장 좋은 방법은 현장의 문제는 현장에서 완결되도록 자율과 전문성을 높이는 것이다. 현장 관리자가 추진 조직과 정기적인 모임, 교육, 소통 채널을 통해 소통하면서 회사의 지속성장을 바라는 한마음이 돼야 한다.

셋째, 현장 추진 인원을 둔다. 본사 중심의 추진 조직으로는 한계가 있다. 회사의 변화와 혁신의 전도사로서 현장 추진 인원을 선발하여 임명장 수여, 교육과 정기 모임 등으로 동기부여를 하고 이들에 의해 각종 문화와 혁신 활동이 이루어지도록 한다.

직원 과실은 누구의 책임인가

사소한 실수가 위기를 가져온다

A회사는 자동차 부품을 생산한다. 제품의 70% 이상은 국내 최고 기업에 납품하고 30%는 해외 수출을 하는 탄탄한 기업이다. 이 회사의 경영자와 함께 식사할 기회가 있었는데 기업 경영을 하면서 가장 역점을 두는 것이 무엇이냐고 물었다. 망설임 없이 직원들이 자신의 일에 책임을 다하도록 이끄는 것이라고 한다. 자신의 일에 책임을 다한다는 것의 사례를 들어달라고 부탁했다.

그는 생산 직원 한 명이 불량을 낸 것이 자동차 회사로 그대로 발주되면 어떤 문제가 있겠느냐고 되물었다. 만약 자동차 조립 과정에서 불량이 확인되면 그나마 다행이지만 시장에 나가 사고로 이어지면 심각한 일이 된다고 했다. 제품 전체를 회수하고 전부 교체하기까지 수백억 원이 들 수도 있기에 회사가 한순간에 망할 수도 있다는 것이었다.

직원의 과실은 전적으로 경영자의 책임이다

불량이 발생하여 전 제품을 회수하고 정비해 고객에게 제공하는 과정의 비용은 전부 불량 부품을 제공한 회사 몫이다. 그뿐만 아니다. 불량으로 인한 신뢰 하락에 따른 손해까지 추궁당할 수 있다. 한 기업에 매출 대부분을 의존하고 있는 중소기업은 버텨내지 못한다. 아무리 품질 교육과 원가절감 운동을 해왔다고 해도 불량 하나에 무너지고 만다.

제품을 납품하기 전에 철저한 최종 점검 과정이 있다면 실수를 조치할 수 있다. 그 어떠한 상황에서도 회사 제품에 불량이 없도록 철저하게 관리해야 한다. 고객의 신뢰를 쌓기까지는 매우 오랜 기간이 걸리지만 단 하나의 불량으로 그동안 쌓은 신뢰를 한순간 잃을 수 있기 때문에 품질 관리는 경영자의 가장 중요한 관리 항목 중의 하나이다. 한 치의 오차가 없도록 조직, 사람, 시스템을 완벽하게 갖추어야 한다. 경영자는 조직을 책임지는 사람으로서 조직과 구성원의 과실은 경영자의 과실이기에 당연히 책임을 져야 한다.

품질 불량은 기술이 아니라 의식의 문제다

삼성전자는 1995년 150억 원어치의 불량 무선전화기를 수거해 전량을 소각한 일이 있었다. 한 번의 쇼맨십이라 치부하기에는 엄청난 양이었다. 무엇보다 자사 제품을 태우는 심정은 부끄럽고 참담했을 것이기에 그 아픔은 오래갔다. 하지만 품질에 대한 그때의 교훈이 지금 스마트폰 시장에서 정상에 설 수 있게 했고, 삼성전자를 초일류 기업으로 우뚝 서게 한 원동력이라 생각한다.

사실 개발이나 영업, 특히 관리사무직원은 품질 문제가 제조 부문의 일이라고 생각하기 쉽다. 하지만 품질 불량으로 클레임을 당해 회사가 존폐 위기에 봉착한다면 제조 부문의 일이라고 모르는 일이라고 할 수 있겠는가? 임직원 모두가 품질의 중요성과 잘못되었을 때 회사가 처하게 될 위기를 알아야 한다. 내가 담당하는 일에 있어서는 단 하나의 실수라도 허용해서는 안 된다는 의식이 전 직원에게 내재화되고 이러한 의식이 업무에서 실천돼야 한다.

기업은 어느 한 사람, 어느 한 부서만 잘해서는 결코 성장하지 못한다. 경영자가 올바른 철학과 전략을 제시하고 책임을 지는 솔선수범을 보이고, 전 조직과 구성원이 같은 생각으로 회사의 목표를 공유하고 수행할 때 더 성장하게 된다.

회사에서 인정받는 사람은 누구인가

성과를 내고 사람관리를 잘한다

회사에서 인정받는다는 것은 경영자 또는 전문가로 성장하는 것이 아닐까? 인정받지 못하면 승진할 수 없다. 직장인의 꿈은 승진이고 그 정상은 경영자일 것이다. 전문성을 갖춘 경영자가 된다면 가장 바람직한 모습일 것이다. 팀장, 실장, 본부장, CEO로 승진하는 사람들의 공통점은 크게 두 가지이다. 하나는 성과이고 다른 하나는 사람 관리이다.

와튼스쿨 교수인 스튜어트 다이아몬드는 저서 『어떻게 원하는 것을 얻는가』에서 12가지 협상의 비결을 설명한다.

1. 목표에 집중하라.

2. 상대의 머릿속 그림을 그려라.

3. 감정에 신경써라.

4. 모든 상황은 제각기 다르다는 것을 인식하라.

5. 점진적으로 접근하라.

6. 가치가 다른 대상을 교환하라.

7. 상대방이 따르는 표준을 활용하라.

8. 절대 거짓말을 하지 말라.

9. 의사소통에 만전을 기하라.

10. 숨겨진 걸림돌을 찾아라.

11. 차이를 인정하라.

12. 협상에 필요한 모든 것을 목록으로 만들어라.

업무에서 중요한 포인트는 무엇인가

12가지 협상의 비결을 직장인의 업무에 적용하여 각각 중요한 포인트를 생각해보았다.

1. CEO가 되겠다거나 A 분야의 최고 전문가가 되겠다는 목표가 있는 직원과 그냥 열심히 일하는 직원과의 차이는 10년 안에 확연하게 드러난다. 매년 업무 목표 설정도 중요하지만 개인의 인생 비전과 목표를 관리하는 회사가 더 성장할 수밖에 없다.
2. 일을 잘하는 담당자는 상사의 목표, 기대 수준, 애로사항 등을

알고 있다. 자주 소통하며 상사의 의중을 파악하고 방향을 정확하게 일치시킨다. 상사의 마음을 훔치는 조직장은 항상 단한 번에 결재를 받아낸다.

3. 상대의 감정 변화의 순간을 포착하는 능력이 뛰어나다.

4. 다양성은 인종, 종교, 언어, 음식, 의복, 음악, 성별, 국적, 나이, 직업이 아니라 자신의 정체성에 기인한다는 것을 인정하고 상대에 대해 관심을 가지고 배려를 한다.

5. 아무리 짧은 회의라도 무엇을 다룰지 구체적으로 알고 있고 어떤 주제를 어떤 순서로 논의할 것인지를 정해 결론을 낸다.

6. 상대에게 중요한 것이 무엇인지를 알며 서로 윈윈하는 대안을 제시할 줄 안다.

7. 타이레놀 전량 회수 결정과 같은 사례처럼 회사가 추구하는 핵심가치(표준)를 내재화하고 업무에서 실천한다.

8. 신뢰는 쌓기는 어려워도 깨지는 것은 일순간이다. 상대가 거짓으로 대하는데 누가 따르겠는가? 평소 솔선수범과 정도 경영을 하여 신뢰를 쌓는다.

9. 사람이란 본래 자기 말에 귀기울이고 가치를 인정하고 의견을 묻는 사람을 좋아한다. 평소 주변 부서의 직원들과 대화하며 도움을 주고 열린 마음으로 신뢰를 쌓은 사람은 어디에서나 인정받는다. 상사가 가장 좋아하는 사람도 자주 찾아와 이런저런 이야기를 하는 직원이다.

10. 도요타자동차의 파이브 와이5-Why 기법이 있다. 무언가 잘못

된 것이 있으면 왜 그렇게 됐는지 다섯 번 질문하는 사고방식이다. 타 부서의 협력을 받아야 하는데 일이 잘 풀리지 않으면 왜 그럴까 고민하며 그들의 입장에서 원하는 답을 발견한다.

11. 한 분야와 직무에서 30년 경험을 쌓은 고참 직원과 3년 된 직원은 같은 팀원이라도 동일한 평가와 처우를 하지 않을 것이다. 시간의 차이가 있다. 마찬가지로 인정받는 사람들은 최근 입사한 신세대의 특성과 자신의 다름을 잘 알고 인정한다.

12. 성장하는 직원은 지식을 수집하고 분석하며 체계적으로 분류해 업무에 활용한다. 나아가 조직과 구성원에게 지식을 공유하는 것을 당연하게 생각한다. 그들은 지식경영의 토대는 기록 관리임을 알고 실천한다.

상사에게 인정받는 직원은 따로 있다

까칠한 상사와 좋은 관계를 맺을 수 있는가

A대리의 팀장은 인사도 제대로 받지 않고 업무 지시나 보고 시 매우 사무적이다. 직원들에게 수많은 일을 지시하고 일의 추진이 늦거나 실수가 있으면 질책이 심하다. 매일 가장 먼저 출근하고 가장 늦게 퇴근하는데 함께 차 한잔하거나 저녁을 같이 먹는 직원이 없다. 매사에 인간미라고는 찾아볼 수 없고 일하러 왔으면 일만 하라는 생각을 하는 듯하다. 팀원들은 실수하지 말아야 한다는 생각 때문인지 실수가 잦은 편이다. 매일 팀장의 고함과 질책에 팀원들은 힘들어한다. 매년 타 부서로 이동하거나 퇴직하는 팀원이 많다.

팀원들은 팀장에게 보고하기 어려운 일이 발생하거나, 점심 또는 회식 일정과 장소를 정할 때나 개인적인 애로사항이 있으면 항상 A대리를 찾는다. A대리는 이 팀에서 5년 동안 근무한 것도 있지만 팀장과 유일하게 대화하면서 큰소리로 웃는 팀원이기 때문이다. A대리는 어떻게 팀장과 좋은 관계를 맺을 수 있었을까?

성격적으로 문제가 있는 까칠한 상사와 좋은 관계를 어떻게 맺을 것인가를 멘티들에게 물어봤다.

- 같은 시간대에 출퇴근하면서 유대감을 먼저 쌓을 것이다. 그 후 아쉬웠던 점에 대해 조심스럽게 예의를 지키며 말씀을 드릴 생각이다.

- 상사에게 좋은 사람은 일 잘하는 사람이고 좋지 않은 사람은 일 못하는 사람이지 않을까 생각한다. 상사가 바라는 업무의 수준을 최대한 충족시키고 상사에게 신뢰를 먼저 쌓는 것에 집중하겠다.

- 잘 지내보기 위해 티타임을 먼저 요청하는 등의 인간적으로 다가가는 모습을 보이고 업무에서도 더 꼼꼼히 할 수 있도록 노력하겠다. 나름대로 노력했는데도 관계에 개선이 없다면 상사의 스타일을 인정하고 그 스타일에 맞춰 행동하도록 하겠다.

- 상사와 친한 동료와의 친분을 쌓아 상사의 스타일을 파악하고 퇴근 후 상사와의 일대일 저녁식사 자리를 통해 현재의 고충을 솔직하게 털어놓겠다.

- 우선 상사로서 무거운 책임감을 느끼고 있기에 부하 직원에게 더 엄하게 대하는 것이 아닐까 하는 생각이 든다. 점심시간 등

휴식시간 때 함께 시간을 보내며 상사가 원하는 바를 파악하고 이를 충족시킬 수 있도록 업무에 더욱 집중하고 어렵게 대하기보다는 더욱 살갑게 대하며 상사와 친하게 지낼 수 있도록 노력할 것 같다.

• 상사와 자연스러운 대화의 시간을 마련하여 몇 가지 질문을 통해 상사에 대한 이해의 폭을 넓히고 상사의 입장에서 고민과 어려운 점을 공감하겠다.

• 기한을 미리 잘 체크하고 업무 지시를 받으면 정확히 어떤 것을 원하는지 바로 문의하여 확인하고 천천히 시간을 두고 상사에게 진심으로 다가가는 것이 좋을 것 같다.

• 업무는 실수 없이 완벽하게 하고 정해진 기한을 지키며 실수를 하지 않아야 한다. 상사의 성향 등을 파악하여 싫어하는 것은 하지 않고 행사 등이 있을 때 챙기겠다.

상사에게 인정받는 직원은 어떤 특징이 있는가

상사는 어떤 직원을 좋아할까? 보통은 일 잘하는 직원을 좋아한다고 생각한다. 사실 팀원으로 있을 때와 팀장으로 있을 때는 큰 차이가 있다. 팀장은 일을 기획해야 하는 고민이 깊고 조직의 팀워크를 강화하고 성과를 창출해야 하는 부담이 크다. 시킨 일을 잘하기만 하면 안 되고 가치와 성과를 창출할 수 있는 일을 만들고 추진해 성과를 내야만 한다. 팀장이 힘들어하는 직원은 시키는 일도 못 하는 직원만이 아니라 개선 의견을 내지 않고 시키는 일만 잘하는 직원도 해당한다. 오히려 자신에게 와서 적극적으로 의견을 개진하고 이런저런 이야기를 해주는 직원이 고맙다.

팀장과 좋은 관계를 맺는 A대리처럼 상사에게 인정받는 직원들은 다음과 같은 특징이 있다.

- 상사의 의중을 정확하게 파악하고 있다. 상사에게 자주 찾아가 회사, 제품과 서비스, 시장과 경쟁사, 일에 관해 묻고 의견을 듣는다. 상사가 해야 할 일, 애로사항 등을 알고 무엇을 해야 하는가에 대해 의견을 나눠 공감대를 형성한다.
- 보좌가 아니라 보완을 한다. 상사라고 모든 것을 다 알고 있지 않다. 알면서도 할 경황이나 시간이 없는 일도 많다. 시키는 것만 하는 보좌 역할 아니라 상사의 애로사항을 해결하고 성과를 높이는 일을 추진하는 보완 역할을 잘 수행한다.
- 어떤 일을 지시해도 싫은 기색을 하지 않고 할 수 없다거나 못한다고 말하지 않는다. 인정받는 직원들은 힘든 일일지라도 최선을 다하겠다고 하며 많은 지도와 도움을 요청한다.
- 남들이 싫어하는 일에 앞장서서 적극적으로 임한다.
- 말할 때 결론이 명확하고 보고서가 간결하면서도 얻고자 하는 바와 성과가 명확하다. 일을 하는 데 자신감이 있다.
- 일의 마감이나 약속은 반드시 지키며 중간중간 추진 상황에 대한 보고를 잘한다.

- 오늘 해야 할 일이 무엇이며 얼마나 했는가를 타이밍과 상황에 맞게 이야기하여 알게 한다.

직장에서 상사에게 인정받는 직원들은 상사의 꿈과 목표, 힘든 점, 성격의 장단점, 업무 스타일을 명확하게 알고 고려하여 열린 소통을 한다. 그들은 상사와 좋은 관계를 유지하는 것이 조직뿐만 아니라 자신의 성과에 큰 영향을 준다는 점을 잘 알고 있다.

어떻게 직원을 근성 있게 만들 것인가

왜 악착같이 실천하지 않는가

"조직과 구성원이 악착같이 실행하지 않는다. 한 달 안에 악착같이 실행할 방안을 마련해주세요."

CEO가 갑자기 김 팀장을 불러서 지시했다. 조직과 구성원이 악착같이 실천하지 않는 이유와 해결 방안은 무엇일까?

김 팀장은 이 지시를 수행하기 위해 임원, 팀장, 팀원으로 구분하여 인터뷰했다. 팀원들은 "지금 너무나 힘들고 할 일이 많아 야근하는데 악착같이 실천하지 못한다는 말이 무엇이냐?"라며 반발했다. 회사는 인력 관리를 빠듯하게 해 3년 넘게 정원을 늘린 조직이 없고 정년퇴직으로 자리가 비었어도 인력을 충원하지 않았다. 필요 인력보다 현 인력이 절대적으로 부족하기 때문에 가치가 낮은 업무는 할 수가 없는 상황이다. 이런데 악착같지 못하다는 평가에 조금은 분개한 반응이었다. 팀장들도 예전과 비교해 더 신속하고 많은 일을 하고 있다고 강조했다. 예전에는 오후에 여유 시간이 있었지만 중식 후 피곤해도 쉴 시간이 없다고 했다. 임원들도 전반적으로 일도 많아지고 인원이 적기 때문에 열심히 일할 수밖에 없다며 중요한 일에 집중하여 성과를 내지 못하는 것을 악착같지 못하다고 하는 것 아니냐고 되물었다.

김 팀장은 악착같은 실행보다는 일하는 방식을 좀 더 효율적으로 하지 못하는 이유에 대해 파악했다. 많은 의견이 나왔는데 크게 보면 5가지 영역으로 살필 수 있었다.

첫째, 사업 구조가 중후장대 장치산업이기 때문에 스피드와 악착같은 실천보다는 안전이 훨씬 중요한 핵심가치이다. 안전을 위협하는 일은 할 수가 없다.

둘째, CEO의 리더십 때문이다. CEO가 성격이 급하고 사업 최고 전문가여서 본인이 너무 잘 알고 다 하려고 한다. 본인의 수준이 높아 직원들이 하는 것 마음에 들지 않으니 열심히 하지 않는다고 판단할 수가 있다.

셋째, 온화하고 화합을 중시하는 조직 문화 때문이다. 가족적 문화를 지향하여 화합과 온정을 강조한다면 앞서가는 것이 어려울 수도 있다.

넷째, 온정적 인사 제도 때문이다. 목표 설정 시 도전적 목표나 유지 수준의 목표나 보상이 똑같다면 굳이 도전적 목표를 수립하지 않을 것이다. 적당히 할 수 있는 목표를 수립하여 조금은 여유롭게 일하려고 한다. 성과의 차이에 따라 보상의 차이가 크다면 직원들이 좀 더 도전적이 되지 않을까?

다섯째, 개인의 생각과 역량 수준 때문이다. 가늘고 길게 근무하겠다고 생각하는 직원에게 도전적이고 전문성을 필요로 하는 메가 프로젝트를 맡길 수 없다. 회사에 다니는 목표가 생계유지 수단 정도로 생각하는 구성원에게 높은 수준의 꿈과 목표를 가지라고 하기는 쉽지 않다. 또한 담당하는 직무에 대해 컨설팅할 수 있는 수준으로 역량을 올리지 못한다.

어떻게 악착같이 만들 것인가

MZ 멘티들에게 조직 내 구성원을 악착같이 만들 방안을 질문해서 다음과 같은 답변을 받았다.

- 동기부여를 위해 고성과자와 핵심 기여자에게 확실한 보상을 하는 공정하고 합리적인 평가 제도와 보상 체계를 확립하겠다.
- 누구나 목표에 관래 의견을 제시하고 그 의견을 수용하는 문화가 있어야 한다. 목표 달성에 따른 확실한 보상을 해야 한다. 사실 그 누구도 대표처럼 악착같이 실천하기는 어려울 것 같다. 하지만 의견을 자유롭게 꺼낼 수 있고 그 의견이 받아들여진다면, 또 그에 대한 확실한 보상까지 따라온다면 CEO가 바

라는 악착같은 실천에 근접한 수준까지는 변화할 수 있을 것 같다.

- 소통과 피드백을 활성화하는 것이다. 소통 창구만 마련하고 그에 따른 해결책이나 피드백이 없다면 지속적으로 이루어지지 않는다. CEO와 직원 간에 서로 생각을 공유하고 점검한다면 조금 더 악착같이 목표를 향해 달려가고 발전할 수 있을 것이다.

- 무엇이든 명확한 보상이 있어야 악착같이 한다고 생각한다. 예를 들어 운동회만 하더라도 상품이 있거나 다른 반과의 경쟁이 있기 때문에 더 열심히 하는 것 같다. 경쟁을 중요하게 생각하는 리더를 배치하고 실천에 명확하게 보상해야 한다고 생각한다. 만약 부서원들이 딱히 경쟁에 관심이 없으면 명확한 보상이 있어도 악착같이 할 것 같진 않다. 팀원을 이끄는 리더가 그런 보상에 관심이 많고 경쟁에서 지고 싶지 않아야 팀원들을 이끌며 악착같이 성과를 관리할 것 같다.

- 임원, 부서장, 팀장이 일에 있어서는 악착같은 모습을 솔선수범하여 보여주고 인간적으로는 팀원들을 다독이며 독려하는 모습이 필요할 것 같다.

- 조직과 구성원을 악착같이 만들기 위해서는 원인에 따른 맞춤형 대책이 중요하다. 사업 구조가 원인이라면 현실적으로 사업 구조를 바꾸기는 어렵기 때문에 핵심가치와 이기는 문화로 구성원들을 한 방향으로 정렬하는 것이 바람직하다. 현명하고 행

동이 신속한 CEO라면 참모를 활용하는 방법을 알려주거나 코칭을 통해 조직과 구성원을 육성하도록 조치해야 한다. 사업 전략과 연계된 성과 지향과 공정한 인사 제도를 설계하고 운영해야 한다. 무엇보다 사고와 일하는 방식을 전환하여 '했다주의'가 아니라 성과 지향의 문화를 조성해야 한다. 악착같이 일했다고 성과가 높은 것은 아니다. 중요한 것은 얻고자 하는 바를 명확히 알고 높은 성과를 창출하는 데 있다. 올바르고 신속하게 한다면 금상첨화이다. 결국 리더가 중요하다. 올바른 방향을 여유롭게 제시하고 솔선수범하며 조직과 구성원의 역량을 높이고 이기는 문화를 만드는 원동력이 리더이기 때문이다.

인재육성이 회사의 미래이다

사람을 잃으면 다 잃은 것이다

칼과 창으로 전쟁을 하던 시대에 무장의 기준은 한 명이 백 명 이상을 상대할 수 있는 체력과 무술을 가지는 것이었다. 두 나라가 있다. A국은 기골이 장대하고 무예가 뛰어난 장수들이 모두 전쟁에 나가 앞장서서 적을 상대하다가 죽었다. B국의 일부 뛰어난 장수는 후방에 남아 후진을 양성했다. 전쟁이 단기간에 끝나지 않고 몇 년을 두고 이어진다면 A국과 B국 중 어느 나라가 이기겠는가?

기업의 경영자는 직원 육성과 활용에 있어 크게 두 부류로 나뉜다. 직원을 육성하는가, 아니면 영입하는가? 자금력과 기술은 있으나 역사가 짧고 인원이 적은 기업은 필요한 영역의 인재를 외부에서 영입하게 된다. 초우량 기업은 내부 육성이 더 중요하다. 내부에서 육성한 초일류 인재들을 다른 기업으로 빼앗기거나 퇴사 후 새로운 경쟁자가 되도록 하면 안 된다. 최고의 인재가 최고가 될 인재를 키워야 한다. 기업이 경쟁 상황에 있는 경우, 핵심인재가 중심이 돼 전방에서 싸움하고 있을 때 다른 핵심인재가 우수한 직원들을 최고의 인재로 키워내도록 해야 한다. 이것을 소홀히 하여 핵심인재가 회사를 떠나는 순간 회사는 일정 수준 이상의 일을 하지 못하게 된다. 물론 외부에서 영입해 올 수 있지만 영입한 인재로는 지속적인 성과를 창출하는 데 한계가 있다. 외부에서 영입한 인재는 내부 토양과 그를 받쳐주는 내부 인재가 있을 때 빛을 발할 수 있다. 결국은 영입과 육성을 병행하면서 경쟁우위를 강화해야 한다.

경영이념으로 '인재 제일'을 강조하는 삼성의 인재 육성에 대한 관심과 투자는 지금의 삼성으로 만들었다고 해도 과언이 아니다. 삼성의 인재 육성 제도 중 다음 세 가지를 눈여겨봐야 한다.

첫째, 신입사원 입문 교육부터 경영자 세미나로 이어지는 리더십 교육이다. 이 중 신입사원 교육은 삼성인으로 변화시키는 관문이었다. 임원이 돼 받게 되는 신임임원 교육도 다시 한번 자신과 회사, 직무를 생각하는 계기가 되었다. 둘째, 외국어 검정, 외국어 생활관, 지역전문가, 주재원, 현지 채용인 교육으로 이루어진 글로벌 교육이다. 이 중 지역전문가 제도는 삼성의 글로벌 수준을 크게 향상한 획기적 교육이었다. 셋째, 선배에 의한 후배 지도이다. 현장의 상사나 선배의 직무교육OJT, 멘토링, 코칭 등 다양한 형태로 현장에서 필요한 지식과 경험을 전수했다.

교육의 차이가 미래를 바꾼다

A회사는 교육 입과 전부터 대상자들이 교육 준비에 여력이 없다. 해야 할 사전 과제뿐만 아니라 현장의 사례, 도움이 될 자료들을 준비해야 한다. 이들이 교육에 참석한다고 부서장에게 말하면 부서장은 건강을 조심하라고 당부한다. 합숙으로 진행되는 교육은 6시에 마치지만 이 시간 이후 해야 할 일들이 많다. 잠잘 시간이 없다. 강의나 토론 시간에 발표해야 하고 적극적으로 토론에 임해야 한다. 강사의 질문에 대답하고 주어진 사례에 대한 자신의 해결 방안을 말해야 한다. 입과 전에 이들의 조와 숙소가 정해지고 입과 테스트에 일정 점수가 되지 못하면 교육 과정에 참석할 수가 없다. 집안 조사가 아닌 이상 교육에 불참하는 사람이 없다. 강사는 최고 전문가가 담당한다. 강의나 토의 중 자세가 흐트러지는 사람이 없다. A회사의 교육 과정에는 별도 평가가 없다. 입과 할 사람만 참석하고 매 순간이 평가이다. 자격이 되지 않는다고 판단하면 바로 미수료 조치가 된다.

B회사의 교육 담당은 오늘도 고민이 많다. 참석 대상자의 조와 숙소는 편성했지만 교육 시작하는 당일 아침 30명의 대상자 중 8명이 참석하지 않았다. 잠시 후 원장을 모시고 시작 특강을 해야 하는데 불참한 이유를 알 수 없다. 동료에게 부탁해 확인하니 업무가 바

빠 참석할 수 없다고 한다. 참석자 중 한 명은 3일 교육 중 하루만 참석하겠다고 한다. 일이 많아 부서장이 1일만 참석하라고 했다고 한다. 대부분 참석자도 교육보다는 쉬러 온 느낌이다. 사내 강사들도 다음부터는 자신을 부르지 말라고 한다. 당연히 사전 평가도 없고 토의도 없다. 질문을 하면 대답하는 사람이 한 명도 없다.

위기도 기회로 만들어야 한다

불황으로 제품이 판매되지 않아 재고가 쌓이고 특별히 할 일도 없고 회사가 어려워질 때 무엇을 해야 하는가? 일본에서 경영의 신으로 불리는 마쓰시타 고노스케 회장은 "지금이야말로 직원들을 교육해야 할 시점"이라고 했다. 바쁠 때는 시간이 없어 육성에 신경 쓸 틈이 없었지만 불황일 때는 여유가 있으니 강한 교육을 통해 지식과 스킬을 높이라고 했다. 그는 진정한 경영의 신이다. 임직원은 불황이어서 할 일이 없으니 불안했을 것이다. 내쫓지 않고 교육하라고 하니 얼마나 회사와 경영자에게 고맙겠는가? 불황이 지난 후 어떻게 되었을지는 보지 않아도 알 수 있다.

육성에 강한 회사는 세 가지 특징이 있다.

첫째, 조직과 구성원들이 배움에 대한 열정이 있고 자신이 지닌 지식과 경험을 전수하겠다는 생각이 강하다. 회사와 경영자와 직무에 대한 로열티가 높다. 지식경영이 회사 곳곳에서 자연스럽게 이루어지며 구성원들은 배우는 것이 당연하고 모르는 것이 부끄럽다고 생각한다.

둘째, 인재개발원과 인적자원개발부서의 역할이 분명하고 위상이 높다. 인적자원개발 담당 직원들의 역량 수준이 높고 아무나 갈 수 있는 부서가 아니다. 연간 예산은 비용이라고 생각하지 않고 투자라는 마인드가 강하다. 인재 육성의 비전, 전략, 육성 체계, 프로그램이 최고 수준이며 매년 변화에 맞춰 조정된다. 망해가는 기업을 보면 인재개발원이나 인적자원개발부서를 한직이라고 생각한다. 인재개발원장이 1년에 한 번씩 바뀐다. 자체 프로그램이 없이 시설만 빌려주는 역할을 한다. 회사의 지원이 없으면 독자 생존할 수 있는 역량이 없다. 아니 그럴 생각도 없다.

셋째, 최고의 전문성을 갖춘 사내외 강사가 교육을 이끈다. CEO가 직접 강의하고 전문가도 엄선하기 때문에 준비가 되지 않은 사람은 강단에 설 수가 없다. 회사의 강사라는 자부심이 들도록 한다. 최고 인재들에 의해 미래 최고 인재들이 육성된다.

우리 회사는 지금 강한 인재를 육성하며, 선배에 의한 후배 지도가 이루어지는 문화인지 생각해보자.

2장

그 상사와는 대화가
잘 통한다

호감을 얻어야 성과도 낸다

사람은 자기를 좋아하는 사람을 좋아한다

"어떤 직원을 좋아하세요?" 본부장에게 물었다. 내심 성과가 높은 직원, 인간성이 좋은 직원을 예상했다. 본부장의 대답은 의외였다. "나에게 수시로 찾아와 이런저런 이야기를 하고 나를 좋아하는 직원을 좋아합니다." 이어서 물었다. "직원이 본부장님을 좋아하는 것을 어떻게 알 수 있나요?" "눈빛만 보면 압니다." 나를 좋아하는 사람을 싫어하기는 어려울 것이다. 문제는 상사를 좋아하는 사람이 많지 않은 것 같다. 일로 만난 사이이기 때문에 일의 범위에서 관계를 생각한다면 특별한 계기가 있지 않은 한 좋아한다는 감정이 생기기는 어렵다.

직장에서 전무 이상의 고위 임원으로 승진한 사람들을 보면 상사와 관계가 나쁜 사람이 없다. 뛰어난 업적도 상사의 지원 없이 달성하기 어렵기 때문이다. 업적을 낼 수 있도록 기회를 주었거나 큰 성과를 낼 수 있도록 함께할 사람을 연결하는 등 많은 지원이 있어야 가능하다. 혼자 잘해 큰 업적을 내는 경우도 있다. 하지만 직장생활을 하면서 혼자 성과를 내는 것은 거의 불가능하다. 상사의 의도를 알고 지원하도록 상황을 만들고 과제를 수행할 때 성과는 따라오게 된다.

어떻게 상사로부터 인정받을 수 있는가

상사의 가장 중요한 역할은 방향 설정과 의사결정이다. 그렇지만 상사가 항상 방향을 읽고 해야 할 과제를 가지고 있는 것은 아니다. 어느 날 갑자기 바람직한 모습과 해야 할 과제가 떠오르면 지시를 내린다. 보고를 받거나 대화를 하다가 아이디어가 떠오르는 경우도 있다. 책을 읽다 해야 할 일을 생각하기도 하고, 여러 상황에서 새로운 사업과 제품에 대한 아이디어를 얻는다. 이때 이러한 아이디어를 일로 지시하거나 의견을 나누는 직원이 있다면 그 직원은 인정받고 있다고 볼 수 있다.

인정을 받는 직원은 다음과 같은 10가지 특징이 있다.

첫 번째, 잦은 소통을 통해 상사의 의중을 파악한다. 일이 있을 때만 상사를 찾는 것이 아니라 수시로 상사를 찾아가 이런저런 이야기를 나눈다. 빈방에서 혼자 근무하는 상사는 대부분 외롭다. 직원이 자주 찾아와 이런저런 이야기를 하면 즐거워져 그 직원에게 자신의 속내를 말하게 된다. 잦은 소통을 통해 상사가 원하는 바를 알고 이를 선제적으로 실행하면 인정받을 수밖에 없다.

두 번째, 단기 실적이 아니라 중기 계획과 성과를 가지고 이야기한다. 대부분 직원은 단기 실적을 중심으로 보고한다. 하지만 인정받는 직원은 2~3년의 중기 계획이 있다. 왜 이 일을 해야 하는지 논리가 분명하다. 어떤 성과가 날 것인가 기대하는 바가 명확하다. 하나의 안을 제시하는 것이 아니라 두세 개의 대안을 가지고 이야기한다.

세 번째, 할 수 없다, 불가능하다고 말하지 않는다. 상사가 실패 확률이 70%가 넘는 도전과제를 지시해도 못한다, 불가능하다고 말하지 않는다. 알았다고 하고 일을 성공하기 위해 더 치밀한 계획을 세우고 주변에 도움을 요청한다. 어려운 일일수록 하나하나 대안을 만들어 상사와 더 자주 소통한다. 해내겠다는 생각이 강하기에 상사도 믿고 맡기게 된다.

네 번째, 남들이 싫어하는 일에 앞장을 선다. 부가가치가 낮지만 누군가는 해야 할 일, 힘든 일이라 다들 꺼리는 일에 싫어하는 기색 없이 앞장서서 적극적으로 수행한다. 희생할 줄 알며 이를 생색내지 않기에 상사는 궂은일을 한 직원을 마음에 두게 된다.

다섯 번째, 보고를 잘한다. 보고서가 간결하고 논리가 명확하고 군더더기가 없다. 첫 장부터 마지막 장까지 일관성이 있고 왜 해야 하며, 성과가 무엇이고, 절차가 어떠한지 한눈에 들어온다. 무엇보다 뛰어난 점은 보고하는 방법이다. 얻고자 하는 바와 성과를 이야기하고, 보고서의 결론부터 자신에 찬 말로 설명한다. 가만히 앉아 상사가 보고서를 보며 질문하게 하지 않는다. 직접 설명하며 상사가 승인할 수밖에 없게 만든다.

여섯 번째, 기본에 강하다. 신뢰할 수 없는 직원을 인정하는 상사는 없다. 철저한 자기 관리는 기본이다. 일에 임하는 마음가짐과 인성이 밝고 열정적이다. 회사의 기본에 철저하며 솔선수범하는 모습은 기본 중의 기본이다. 약속한 것은 반드시 지킨다는 믿음을 준다.

일곱 번째, 일에 대해서는 철두철미하다. 대충주의, 적당주의, 했다주의가 통하지 않는 완벽함을 보인다. 그 친구는 대충 하는 법이 없다는 말이 회자돼야 한다. 일을 못 하면서 인정을 받는 사람은 없다. 그들에게 마감은 최고 의사결정자가 기대한 일정 이전에 이루어진다. 그 어떤 일이라도 책임감을 느끼고 임한다.

여덟 번째, 인사를 잘한다. 그들의 인사법은 특징이 있다. 정중하면서도 밝다. 윗사람과 외부 지인을 만나 인사할 때는 정중하다. 절대 고개만 까닥 숙이는 인사를 하지 않는다. 아랫사람과 인사할 때는 밝고 정이 가는 인사를 한다. 사람을 바라보지 않고 하는 영혼 없는 인사를 이들에게서는 찾아볼 수 없다.

아홉 번째, 정기 보고와 무엇을 하고 있는가를 항상 공유한다. 상사에게 출근과 동시에 당일 해야 할 일이 무엇인지 메일이나 문자를 보내 알게 한다. 일과 직원에 대해 정기적으로 보고를 하고 이야기를 나눠 같은 생각을 하도록 이끈다. 일의 진행이나 직원의 특징에 대해 상사와 인식의 차이가 없도록 노력한다.

열 번째, 타이밍과 분위기를 잘 맞춘다. 상사의 의중을 알고 있기 때문에 상사가 필요로 하는 것을 사전에 조치한다. 10월 조직개편이 시작된다면 상사가 그에 대한 방향과 개략의 그림을 구상할 수 있도록 9월 초에 기초 안을 제시한다. 상사가 궁금해하기 전에 일을 추진하며 상사가 원하는 시점에 결과물을 제공한다. 상사를 보좌하는 존재이면서 보완하는 역할을 한다.

멀리 가려면 함께 가야 한다

왜 일은 잘하는데 승진에서 탈락하는가

작년에 임원 승진에 탈락했던 김 팀장은 업적으로 보면 팀장 중 최고 수준이다. 까다롭기로 소문난 A공사의 수주를 따낸 인물이었다. 당시 3주의 제안서 작성 기간 사무실에서 숙식을 하고 A공사에 열 번 이상 방문해 세심한 부분까지 반영했다는 것이 평가자의 의견이었다. 개인 매출 1위와 영업이익 1위도 달성했지만 임원에서 탈락한 것이 구성원들에게 회자될 정도였다.

올해 김 팀장은 다른 팀장은 하나의 프로젝트도 버거워하는데 3개의 프로젝트를 마무리했다. CEO가 관심을 가지던 전사 메가 프로젝트 매니저 역시 김 팀장이었다. 프로젝트를 수행하는 김 팀장은 철두철미했다. 팀원들의 조그만 실수를 용납하지 않을 정도로 점검하고 관리했다. 프로젝트를 마친 팀원들이 모두 나가떨어질 만큼 엄격하게 추진했다. 그런데 이번 임원 인사에서도 김 팀장은 탈락했다. 영업본부장이 강력하게 추천했지만 인사부서와 CEO의 결정은 바뀌지 않았다.

김 팀장은 일의 추진력과 성과 창출력이 자타가 인정하는 최고 수준인데 왜 임원 승진에서 번번이 탈락하는가? 그 이유를 무엇이라고 생각하는가? 김 팀장은 최고의 성과를 냈지만 두 번이나 임원 승진에 탈락되자 인사팀장을 만나 조금 서운하다며 면담을 요청했다. 인사팀장이라면 김 팀장에게 어떻게 이야기하겠는가?

부서장은 나무가 아니라 숲을 봐야 한다

중소기업인 B회사에서 구매 업무를 담당하는 김 차장은 입사 11년 차의 베테랑이다. 협력업체 목록을 매출과 친밀도 중심으로 4등급으로 분류하여 관리한 것으로 유명하다. 회사 매출의 신장세가 주춤할 때 최상 등급 이하인 협력업체에 단가 조정을 요구하여 원가를 절감했다. 구매 적기공급생산JIT 시스템을 도입했고 월 1회 2등급 이상의 구매담당자 워크숍을 통해 소통 활성화에도 이바지했다. 전사적 자원관리ERP 시스템을 도입하여 구매 업무를 한 수준 선진화했다는 평을 받고 있다.

경영관리팀에는 전략, 인사, 재무, 구매, 총무, 홍보 담당자가 있다. 전략 업무는 팀장이 담당하고 있다. 인사와 재무 업무는 과장과 사원이 담당한다. 구매와 총무는 한 명이다. 김 차장은 팀의 최고참이지만 입사 후 지금까지 구매 업무만 담당했다. 10월 임시 조직개편으로 경영관리팀장이 임원이 돼 경영관리팀을 겸직 상태로 운영해왔다. 1월 팀장 인사에서 김 차장이 경영관리팀장이 될 것이라는 소문과는 달리 인사 업무를 담당하던 이 과장이 팀장이 되었다.

김 차장은 팀장 인사가 있던 다음 날 휴가를 내고 3일 동안 출근을 하지 않았다. 신임 경영관리팀장과 관리본부장은 김 차장을 불러 면담을 했다. 김 차장은 구매 업무에 있어서는 최고 업무 담당자이지만 타 업무에 대한 관심이 전혀 없었다. 회사의 전략이 무엇이고 향후 방향과 목표와 중점과제가 무엇인지 알지 못했다. 회사의 재무 상황에 대해서도 알지 못했다. 구매 업무만 잘할 뿐 회사 행사와 공동 업무에는 항상 미온적이었다. 구매 업무와 연관이 없는 부서와는 소통하거나 협조할 생각도 하지 않았다. 관리본부장은 김 차장에게 구매 담당자로서 최고의 인재이며 그 점에 있어서는 타의 모범이 된 점에 고맙다고 전했다. 하지만 본부장이 부서장의 역할과 해야 할 일을 물었을 때 답변하지 못했다. 부서장의 역할과 잘 해야 할 일을 설명하며 그 점에서 부족하다고 피드백을 했다.

임원을 꿈꾸는 사람은 함께 가야 한다

전 직장 멘토였던 김 사장이 직장생활을 하면서 강조했던 4가지가 있다.

첫째, 일을 잘하는 것은 과장까지다. 차장부터는 일 잘하는 것은 기본이며 인간관계가 더 중요하다. 주변 이야기를 들을 줄 알고 배려하는 마음을 표현해야 한다.

둘째, 회사 직원뿐만 아니라 도움을 주는 분들에게도 잘해야 한다. 1층 보안 담당자, 미화 담당자에게 인사하고 명절 등 특별한 날에는 감사를 표현하는 것이 좋다.

셋째, 힘들어하며 상심한 사람에게 관심을 갖고 챙겨야 한다. 본사의 핵심부서에서 근무하다가 지방으로 좌천된 선배와 동료를 기억하고 자주 연락을 취할 줄 알아야 한다.

넷째, 주고받는 관계가 아니라 주고 또 주는 사람이 돼야 한다. 자신이 노력해 얻은 자료와 경험이라고 해서 자신의 것으로 생각하는 경향이 있다. 회사에서 얻은 지식과 경험 그리고 정보와 자료는 필요로 하는 사람에게 아낌없이 주어야 한다.

임원 승진에 두 번이나 탈락한 김 팀장에게 CEO가 불러 피드백한 내용을 정리하면 다음과 같다. "일을 잘하지만 내 일밖에 모른다. 직원이 힘들어하는 일이나 애로사항에 관심이 없다. 무조건 주어진 시간 내로 해내라는 식이다. 직원의 꿈과 개인사에 대해 인간적인 관심이 없다. 무엇보다 직원의 인사를 받아주지 않는다. 회사는 혼자 빨리 가는 곳이 아니다."

'빨리 가려면 혼자 가고 멀리 가려면 함께 가라'는 격언이 있다. 기업은 사람이 모여 함께 일을 만들어가는 곳이다. 제품이나 서비스를 기획하고 생산하고 마케팅하고 재화와 사람을 관리하는 것이 경영이다. 경영을 실제로 굴러가게 하는 바퀴는 바로 사람이기에 조직장이라면 사람을 제대로 알고 이해할 수 있어야 한다. 또한 조직장이라면 사업의 본질을 꿰뚫고 있어야 한다. 그리고 조직장은 길고 멀리 보며 구성원들과 함께 가야 한다. 함께 가지 못하고 자신의 생각과 행동을 강요하거나 혼자만 잘하려는 사람이 조직장이 된다면 조직과 구성원이 어떻게 되겠는가?

인간관계의 원칙이 있는가

왜 지금 인간관계가 중요한가

직장생활을 시작하여 어느 직급까지는 일 잘하는 직원이 인정받는다. 하지만 조직장이 되기 위해서는 주어진 일을 잘하는 것만으로는 부족하다. 조직장은 혼자 일하는 사람이 아니기 때문이다. 가치 있는 과제를 창출해 조직과 구성원들에게 공정하게 분장해서 구성원들이 주도적으로 성과를 이끌도록 동기부여를 해야 한다. 새로운 과제를 창출하는 것은 일의 범위이지만 구성원에게 분장하고 동기부여를 하는 것은 관계 역량이다.

팀원으로 근무할 때는 업적이 높고 인정받던 직원이 팀장이 돼서는 조직력을 약화시키고 성과를 떨어뜨려 조직과 구성원에게서 비난을 받고 보직 해임되거나 이 팀 저 팀 정착하지 못하고 옮겨 다니는 경우를 본다. 무엇이 잘못인가? 대부분 일을 못 해서라기보다는 실패한 인간관계에서 원인을 찾을 수 있다.

　필자가 KT&G 인재개발원장으로 근무할 때 당해연도 업적 고과가 상위 10%인 팀장과 하위 10%인 팀장의 가치 역량과 리더십 역량을 살펴보았다. 리더십 역량은 업적과 밀접한 관계를 갖는다. 오죽하면 조직과 구성원의 성장과 성과는 그 조직을 맡은 조직장의 리더십의 크기에 달려 있다고 하겠는가. 업적 고과 상위 10%의 팀장 중에 리더십 평가가 하위 30%에 드는 사람은 한 명도 없었다. 반대로 하위 10% 팀장 중 리더십 평가가 상위 30%에 드는 사람 또한 한 명도 없었다. 특이하게도 핵심가치 중심의 가치 역량 평가에서도 동일한 결과가 나왔다. 결국 가치와 리더십이 강한 팀장이 업적도 높다는 것을 알 수 있었다.

왜 직장 내 갈등이 생기는가

　코칭하면서 팀원과 갈등이 심한 팀장은 주로 다음과 같은 세 가지 특징이 있었다. 첫째, 고집이 세다. 자신이 결정한 것을 바꾸려 하지 않는다. 해야 할 일을 끝까지 하는 것은 좋지만 해서는 안 되는 일을 무조건 하라고 하면 실무자는 힘들 수밖에 없다. 고집이 세니 들으려 하지 않는다. 둘째, 호불호가 심하다. 자신이 좋아하는 사람에게는 한없이 인자하고 자신이 싫어하는 사람은 꼴도 보기 싫어한다. 비교 갈등이 심해 관심 밖의 직원과는 갈등이 클 수밖에 없다. 셋째, 전형적인 예스맨 성격이 있다. 타 부서가 하기 싫어하는 일을 도맡아 가져온다. 상사의 말에는 아니라는 말을 하지 못하고 언덕이 돼주지 못한다. 당연히 소통 역량도 떨어진다.

사람이 경쟁력이라고 한다. 한 사람의 경쟁력도 중요하지만 기업은 혼자 성과를 내는 데 한계가 있다. 함께 성과를 내야 한다. 인간관계는 함께 일하는 데 시작이며 끝이라고 해도 과언이 아니다.

인간관계에도 원칙이 중요하다

인간관계는 한순간에 형성되지 않고 오랜 기간 자신의 습관에 영향을 받는다. 인간관계 형성에 있어서 해야 하는 것Do과 하지 말아야 것Don't을 적어 봤다.

인간관계에서 해야 하는 것

- 먼저 다가간다.
- 가식 없이 솔직하게 대한다.
- 상대를 배려한다.
- 편견을 버리고 먼저 상대방의 상황과 입장을 듣고 생각한다.
- 자신의 잘못이 분명할 때 사과한다.
- 자신의 입장만 고집하지 않고 상대를 배려한다.
- 시간 약속을 잘 지킨다.
- 고마운 마음을 표현한다(고마운 일이 있으면 바로 인사를 전하고,

상대방이 얼마나 소중한 사람인지 이야기한다).

- 끊어야 할 인연이라면 과감해진다.
- 업무상 관계에서는 가능한 적정한 거리를 유지한다.

인간관계에서 하지 말아야 할 것

- 뒷담화와 비교 갈등을 하지 않는다.
- 예의 없이 굴거나 남을 무시하는 언행을 하지 않는다.
- 계산하지 않는다(시간, 돈, 노력 등을 계산하면 그 관계는 유지되기 어렵다고 생각한다).
- 금전 거래를 하지 않는다.
- 순간의 감정으로 상대방을 판단하지 않는다.
- 사람 자체를 미워하지 않는다.
- 사람으로부터 받은 상처를 오래 가져가지 않는다.
- 과도하게 침묵하지 않는다.

퇴직 후 텃밭을 가꾸며 살겠다고 지방으로 내려간 후 연락이 되지 않는 지인이 몇 명 있다. 처음에는 몇 번 전화 연락을 취했으나 이후 헤어진 사람이 아니라 잊은 관계가 되었다. 오랜 기간 함께 생활했던 소중한 기억이 있기에 잊는 것은 아쉽다. 직장생활과 사회생활을 하면서 언젠가는 헤어질 사이일지라도 지금 관계를 맺고 있는 지인을 대할 때 자신만의 원칙이 있으면 어떨까?

어떻게 직원들의 사기를 올릴 것인가

왜 직원들의 사기가 떨어지는가

사원 홍 씨는 학창 시절 4년 내내 학년 대표를 했고 3학년부터는 학과 대표까지 맡았을 정도로 매우 활동적이고 추진력과 기획력까지 갖춰 주위에서 회사에 입사하면 뛰어난 경영자가 될 거라는 말을 들어왔다. 기대했던 대로 원하는 대기업에 입사했다. 그런데 그 회사의 가치는 '안전'이었다. 혁신도, 도전도 좋지만 안전을 위협하는 그 어떠한 일은 할 수가 없었다. 1년 동안 홍 씨가 배운 것은 선배가 하는 일을 무조건 따라 하라는 것밖에 없었다. 무엇인가 제안하면 "그거 옛날에 다 해봤어. 말도 안 되는 이야기하지 말고 그대로 해. 네가 현장을 알면 얼마나 안다고" "지금 나를 훈계하는 거냐?" "우리 회사에서 승진하기 위해서는 상사와의 관계가 가장 중요하니 튀지 말고 상사가 원하는 것을 최우선으로 해라." 식의 답변만 들었다. 회사 선배들은 한 명 한 명을 보면 매우 우수하지만 그들은 조직이나 상사가 하라는 일만 했다. 누구 한 명 10년을 바라보며 바람직한 방향과 전략을 제안하고 방안을 마련해 실행하는 사람이 없었다. 전문가가 되기 위한 역량과 대내외 네트워크를 키우는 사람도 없다. 모두가 자신을 한심해하면서도 회사를 떠날 생각은 하지 않았다.

직원들의 사기가 떨어지는 상황은 매우 많을 것이다. 회사의 경영 상황이 안 좋아 구조조정을 할 때, 자신만 알고 직원들은 전부 일하는 수단으로만 생각하는 지독히 이기적인 상사를 만났을 때, 회사에 출근했지만 막상 자신이 할 일이 없고 시간만 보내면 급여가 나올 때, 내부 파벌 간 경쟁이 심해 같은 편이 아니면 일을 할 수가 없고 같은 편이라고 해도 로열티를 검증받아야 할 때, 성과나 역량이 아니라 상사와의 관계가 승진이나 보상의 기준이 될 때 등 여러 상황이 있다. 이를 극복하지 못하고 각 상황 속에서 숨죽이며 생활한다면 얼마나 슬프겠는가?

어떻게 직원의 마음을 뛰게 할 것인가

성과를 창출하는 회사의 특징은 일에 대한 자부심이 높고, 일을 통해 성장하고 있고, 일이 재미있는 회사라고 한다. 필자는 30명의 직원이 있는 10년 된 기업을 컨설팅한 적이 있었다. 30명의 직원에게 '동생이나 학교 후배를 이 회사에 입사하도록 추천하겠느냐?' 라는 설문을 했는데 긍정적인 응답률이 0%였다. 개별 인터뷰를 통해 왜 추천을 하지 않느냐고 물으니 사무실에 들어오는 순간부터 내가 살아 있다는 생동감을 전혀 느끼지 못하고 일하는 기계와 같다고 대답했다. 성과가 날 수가 없다.

사실 많은 기업이 직원의 사기 진작을 위해 다음과 같은 여러 활동들을 전개하고 있다.

- CEO와의 번개 미팅하기 또는 무작위 초청 식사 제공하기
- '칭찬합시다' 등과 같은 릴레이 격려, 칭찬 메모 전달하기
- 보고서 실명제 실시하기, 생산 제품에 사원 이름 넣기, 각자 자리에 사진 부착하기
- 회사 자산에 직원 이름 또는 직원의 자녀 이름 새기기, 직원 연감 발행하기
- 직원 자녀 또는 부모 초청 행사 열기
- 우수 성과를 알리는 사이렌 운영하기
- 회사 게시판을 통한 부서 탐방하기
- 신입사원이나 경력 사원에게 명함, 주변 식당, 필기구 제공 등 온보딩 시스템 운영하기
- 서울과 지방의 자매결연, 부대 또는 어려운 시설과의 결연을 통한 방문하기
- 동호회, 본부 대항 장기자랑, 명예의 전당 운영하기 등

문제는 이러한 활동들을 체계적이고 지속적으로 실시하는 회사가 많지 않다는 것이다. CEO에 따라 일정 기간 운영하다가 회사 경영이 어려워지면 가장 먼저 중단한다. 할 때는 요란하게 홍보하고 중단할 때는 안내도 없어 진정성을 의심받고 신뢰가 떨어지기도 한다. 구성원의 사기를 한순간에 끌어올리기는 쉽지 않다. 길고 멀리 보며 일하기 좋은 체계를 구축하고 전 임직원이 열린 마음으로 참여하도록 하기 위해서는 어떻게 해야 할까?

첫째, 조직과 구성원의 사기 등을 총괄하는 조직문화 추진 조직을 신설한다. 구성원의 사기와 같은 조직문화는 일관성 있게 지속적으로 추진해야 하는데 담당 조직이 없으면 조직장의 성향에 따라 달라질 수 있다. 담당 조직을 두어 가장 바람직한 조직문화의 중장기 큰 그림을 그리고, 과거 강점을 계승하고, 현 조직문화와 지향하는 조직문화의 차이를 줄이기 위한 전략과 방안을 도출해야 한다. 매년 일하기 좋은 회사 지표와 같은 사기를 높이는 조사를 측정하고 진단하여 조직의 강점과 약점을 찾아 지도해야 한다. 본부별 조직문화 퍼실리테이터를 육성하여 이들이 구체적인 방향과 프로그램을 가지고 각 조직 특성에 맞도록 이끌어야 한다.

둘째, 한마음 한 방향으로 가기 위한 가치 체계를 정립한다. 회사와 구성원이 참여하여 회사에 맞는 비전, 전략, 핵심가치 등 가치 체계를 수립해야 한다. 가야 할 방향을 알고 나아가는 사람과 무조건 뛰어가는 사람은 엄청난 차이가 있음을 누구나 알고 있을 것이다.

셋째, 이러한 가치 체계가 업무 현장에서 실천되도록 한다. A그

룹이 인수합병한 회사의 전 임직원을 대상으로 가장 먼저 한 교육이 바로 핵심가치 교육이다. '밸류데이'라는 핵심가치 실천 프로그램을 기획해서 현장에서 조직장의 지도하에 핵심가치에 대해 토론하고 해야 할 과제를 설정하여 실천하고 있다. 아무리 좋은 제도가 있어도 현장 직원들의 참여가 없으면 의미가 없다. 직원 사기가 높은 회사들은 다 함께 독려하고 서로 신뢰한다. 이를 위해서는 현장 조직장이 바뀌지 않으면 안 된다. '조직 구성원의 육성과 일하고 싶은 부서 만들기는 전적으로 나의 책임'이라는 생각을 하고 구성원 각자의 가치를 높이기 위해 관심을 가지고 도와주는 사람이 돼야 한다.

넷째, 인사 제도와 연계한다. 예를 들어 핵심가치 실천인, 조직문화 퍼실리테이터, 우수 조직문화팀, 종업원 의식조식 결과 최우수 조직, 가장 많이 개선된 팀, 올해의 사내강사(영업왕, 제안왕 등), 올해의 OO인 등 구성원에게 모범이 될 성과를 낸 조직이나 개인에게 반드시 시상해야 한다. 해당 조직은 액자나 기념품을 통해 다른 직원들이 볼 수 있도록 하고, 해당자는 시상 내역을 인사 기록으로 남긴다. 표창이나 상금은 기본이고, 승진이나 평가 또는 해외연수와 같은 선발형 교육 기회를 부여하는 등의 인사 제도와 연계하는 것도 좋다.

팀장이 돼야 임원이 된다

승진보다 가늘고 긴 회사생활을 원한다

"요즘 팀원들은 팀장이 되려고 하지 않아요."

A회사 컨설팅을 하며 팀장 인터뷰를 하는데 이구동성으로 하는 말이다. 팀장이 되면 책임과 부담은 많아지는 반면에 실질적 혜택과 권한은 하나도 없다고 한다. 좀 더 넓은 시야를 갖고 배우며 무엇보다 경영자가 될 수 있지 않냐고 물으니 팀원들은 힘들게 일하고 스트레스를 받는 것보다 적당히 즐기면서 가늘고 길게 회사생활을 하는 것을 더 원한다고 한다.

대기업은 팀장이 임원인 회사도 있다. 하지만 대부분은 차장에서 부장 중에 인성, 리더십, 성과 창출 능력을 심사하여 팀장으로 선발한다. 대기업은 팀장이 되면 실무 담당자의 업무는 하지 않는다. 팀의 방향과 의사결정, 팀원의 업무 분장과 실행 점검, 동기부여 등의 면담을 통한 피드백, 팀과 팀원 관리를 통한 인재 육성과 성과 창출을 책임져야 한다. 팀장에게는 별도의 팀장 수당이 있고 팀원에 대한 인사권이 부여된다. 임원은 팀장 중에서 선발하는 것이 원칙이다.

하지만 중소기업에서는 팀장이 되었다고 실무 담당자로서 해야 할 일이 줄어들지 않는다. 자신의 일을 하면서 팀과 팀원을 이끌어야 한다. 팀원이 잘못한 일에 대해 누군가 처리해야 한다. 그런데 다들 일이 바쁘기 때문에 처리하라고 할 팀원이 없다. 결국 팀장이라는 이유로 떠맡게 되는 경우가 많다. 팀장이라고 별도의 수당이 더 있는 것도 아니다. 오히려 팀장이기에 회의에 참석하고 경영층의 잦은 호출에 응해야 한다. 팀원들의 불평불만을 들으면서 경영층의 요구사항을 처리해야 하는 샌드위치가 된다. 팀장이 되고 싶어 소정의 프로세스를 거쳐 준비된 팀장이 된 것이 아니다. 어느 날 팀장이 돼 스트레스를 받으며 힘든 하루하루를 지내야 한다. 이러한 팀장을 보는 팀원들이 "저는 팀장이 되기 싫습니다."라고 말한다. 사실 팀장들도 기회가 된다면 팀원으로 돌아가고 싶어한다.

승진 후 리더는 소통에 주력해야 한다

'팀장의 역할과 조직관리' 강의를 하면서 참석한 20여 명 팀장에게 힘든 점 세 가지를 적으라고 했다. 다들 쉽게 작성했다. 중복된 내용을 정리하니 10가지로 추려졌다.

1 세대 차이: 직장 내에서 상사 또는 MZ세대 팀원과 세대 차이를 느낀다.

2 나이 많은 직원에 대한 대처: 나이 많은 팀원이 유지 수준의 일을 하면서 신경 쓰지 말라며 개인행동을 한다.

3 회사와 팀의 목표 정렬: 회사에서는 도전적인 목표를 100% 이상 달성하라고 하는데 팀 목표 설정과 성과 창출을 위한 방안과 팀원의 목표 설정과 관리 방안

4 신규 직원의 조기전력화: 직원이 많지 않아 퇴직자가 생기면 급하게 보충하는 식으로 신규 직원을 뽑는다. 별도의 입문교육이 없어 회사생활과 예절에 대한 기본이 안 된 직원이 배치돼 팀원 간 갈등이 생긴다.

5 상사와의 관계 유지: 상사의 의사결정이 늦어 회사에 손해를 끼치기도 하고 지적 시에도 상사와의 좋은 관계를 유지하는 것이 고민이다.

6 팀원의 마음을 잡는 방안: 일을 지시하면 안 하겠다, 못 하겠다고 하여 스트레스를 받는다.

7 목표와 의욕 상실: 팀원들의 애로사항을 면담하다 보면 '나는 더 힘든데 누구에게 위로받지?'라는 생각이 들고 연차가 늘수록 꿈도 없이 정체돼 가는 나 자신을 볼 때 무기력해진다.

8 일방적 리더십: 시키면 무조건 하라는 식의 경영층과 CEO의

리더십 스타일에 불만이 생긴다.

9 타 부서와의 업무 협력: 타 부서와 업무 협력을 해야 하는데 상대 팀의 입장을 고려하지 않고 무리하게 요구할 때 거절하기 어렵다.

10 CEO의 편향성: CEO가 영업 부서만 챙기고 경영관리나 기술개발 관련 팀들은 영업 지원만 잘하면 된다는 인식이어서 힘들다.

회사 경영층과 팀원을 잇는 허리 역할을 하는 팀장들이 약하면 회사의 지속성장을 기대하기 어렵다. 강한 팀장이 되기 위해서는 선발 때부터 엄격한 과정을 거쳐 인정받고 팀원들의 존경을 받아야 한다. 무엇보다 팀장은 자신의 역할과 해야 하는 일을 분명히 알아야 한다.

팀장이 가장 먼저 생각해야 할 것은 성과 창출이다. 그러기 위해 사업과 연계하여 팀의 바람직한 모습과 전략과 중점과제를 수립해 팀원들이 실천하게 해야 한다. 팀장이 솔선수범하고 팀원을 강하게 육성해야 한다. 올바른 의사결정을 신속하게 내려야 한다. 자신이 속한 회사에 대한 로열티, 높은 직무 전문성, 함께하는 사람들의 가치를 올리며 동기부여하는 진정한 리더로서 역할을 해야 한다.

상사에게 인정받고 팀원에게 존경받는 팀장이 되기 위해서 가장 필요한 역량이 바로 소통 역량이다. 상하좌우 대각선으로 열려 있어 원활하게 소통할 수 있어야 한다. 그래서 상사가 생각하는 방향,

전략, 추진과제를 팀원들에게 알려주고 사전 조율해 성과를 창출하게 해야 한다. 팀원들이 주도적이고 자율적으로 일을 추진하고 힘들거나 애로사항이 있으면 스스럼없이 찾아와 논의하도록 해야 한다. 하지만 현실에서 팀원들은 상사에게 말도 안 되는 과제를 부여받고 하나같이 힘들어한다.

강한 팀장, 강한 임원, 강한 CEO라는 지속성장의 연결고리가 튼튼해지려면 조직의 허리 역할을 하는 팀장이 자신의 조직과 맡은 일에 자부심과 성취감을 느낄 수 있어야 한다. 이러한 의욕을 고취하려면 충분한 금전적 보상과 비금전적 보상이 있어야 한다. 금전적 보상도 중요하지만 인정과 칭찬, 차별화된 육성, 도전과제 부여 등의 비금전적 보상은 더 중요하다.

소통은 저절로가 아니라
노력해야 한다

　A기업 컨설팅을 할 때의 일이다. CEO는 자신의 말이 밑에까지 전달이 안 된다고 걱정했다. 중간 관리자가 전달을 안 하거나 심할 때는 자신의 생각대로 왜곡해 전달한다고 했다. 구성원들의 분위기도 좋지 않았다. 회사가 추진하는 제안 제도뿐만 아니라 어떠한 소통 장려 프로그램에도 참여하지 않았다. 침묵에는 이유가 있었다. 회사를 위해 낸 제안이 경영층에까지 전달되지 않는다는 불만이 컸다. 제안해도 피드백이 없고 조직장에게 여러 차례 개선을 요구했지만 기다려보라는 말밖에 없었다고 한다. 하긴 30명이 한 층에서 함께 근무하는 중소기업도 소통이 안 된다고 아우성이다.

　최근 기업 환경이 어려워지다 보니 전부 축소 내지는 절약을 강조한다. 조직 분위기는 위축되고 구성원들 간에 흉흉한 소문이 떠돈다. 불안하다 보니 안정적일 때는 귀에 들어오지도 않던 이야기에 관심을 가지거나 믿게 된다. 결국 회사가 어렵게 추진하는 비상 경영 방안이 구성원들에게 제대로 전달되지 않아 성과가 없거나 실패한다. 그래서인가 많은 기업이 소통을 강조하고 있다.

일방적인 전달은 지시지 소통이 아니다

구성원 의식 조사의 몇 년 추이를 지켜보면 대부분 기업의 소통 수준은 향상되고 있다. 그러나 경영층은 여전히 "회사의 전략을 여러 차례 전달했음에도 불구하고 구성원이 모르고 있다. 정보를 전 구성원이 공유하는 것 같지 않다." "필요한 정보가 필요한 사람에게 가야 하는데 공유가 안 된다."라며 답답해한다. 동일한 사안에 대해 구성원들은 "회사의 주요 사업의 진행 현황이 궁금하다." "회사의 주요 뉴스를 신문을 통해 알게 된다."라며 불만을 내비친다. 관리자에게 회사의 소통 내용과 수준을 물으면 어떤 대답을 할까?

대부분 대기업은 경영 현황 설명회와 같은 상의하달 소통과 더불어 각종 회의를 통한 수평적 소통, 구성원 제안 제도, 동호회, 영보드(청년 중역) 등의 하의상달 소통을 하고 있다. 하지만 임직원들은 모두 이러한 소통을 위한 활동이 조직과 구성원을 한 방향으로 이끌고 성과를 창출하는 수준으로 가기에는 갈 길이 멀다고 생각한다. 회사가 일방적으로 전달하는 것이지 진정성이 없다고 한다.

왜 노력하는데도 소통이 안 될까? 첫째, 조직 내 계층 간 직위 또는 직책의 벽 때문이다. 어떤 회의는 특정 직위나 직책에 있는 사람만 참석한다. 또한 보고나 회의 시 직책을 맡은 사람만 혼자 들어가는 경우가 있다 보니 최고경영층의 지시사항이 중간관리자에 의해 끊어지거나 자신에게 유리하도록 변하는 경우가 있다.

둘째, 경영방침, 전략, 목표, 핵심가치 등에 대한 이해 부족 때문이다. 회사 전반의 철학과 현황을 제대로 알지 못하면 똑같이 들었다 하더라도 결과가 다를 수 있다. 자기 입장에 맞게 해석해 취사선택했기 때문이다.

셋째, 업무의 세분화, 전문화로 인한 단절 때문이다. 자신에게 필요한 정보만 전달하거나 듣다 보니 앞뒤가 잘린 중간 내용만을 가지고 일을 하거나 앞뒤 공정상 남의 일은 어떻게 돼가는지 관심을 가지지 않아 문제가 발생하는 일이 허다하다.

넷째, 정보를 가진 자의 독점에서 오는 단절 때문이다. 정보를 권력으로 생각하여 자신 이외는 보고하거나 공유하지 못하게 할 때 주로 발생한다.

다섯째, 정보 전달의 왜곡 또는 우회로 인한 오해와 불신의 벽 때문이다. 기록하고 확인하는 절차를 빠트려 본질에서 벗어난 정보가 제공되거나 당사자가 아닌 제삼자에게 전달함으로써 정확한 내용이 공유되지 못하는 데서 오는 결과이다.

여섯째, 실패에 대한 가차 없는 조직문화 때문이다. 실패에 대한 처벌이 강하면 자기방어 분위기가 확산되고 조직과 자기 부서에 피해가 되는 일과 이야기는 하지 않으려 한다. 또한 남이 자기 부서 이야기를 하면 비난으로 받아들여 변명하거나 공격한다. 언제 무슨 말을 해도 불이익이 없다는 심리적 안정감이 매우 중요한데 책임을 지라며 불이익을 준다면 누가 말하겠는가?

일곱째, 조직장과 개인의 무관심 때문이다. 회사는 열심히 사내 인트라넷에 각종 소식을 공개하지만 정작 조직장이나 개인이 정보를 얻기 위해 노력하지 않고 소통이 안 된다며 불만만 늘어놓는 경우이다.

조직과 채널부터 정비해야 한다

흔히 '소통 장애'라고 불리는 이러한 현상들을 없애고 효과적으로 소통하기 위해서는 어떻게 해야 할까? 조직과 채널을 정비해야 한다. 크게 세 가지 방안을 제안한다.

첫째, 소통 활성화를 위한 전략을 수립하여 담당 조직을 구축하고 전문가를 육성한다. 예를 들어 소통 채널의 정비, 일관성 있는 소통 전략과 공유, 소통 내용의 수준과 효과 분석, 사내 소통 전문가 육성, 소통 사례의 전파, 조직장 면담과 협상 교육 등을 체계적이고 지속적으로 추진해야 한다.

둘째, 토론 공간을 마련한다. 자신의 의견을 CEO에게 솔직하게 보고할 수 있는 채널을 만들어 우호적이고 자발적인 분위기를 조성해야 한다. CEO에게 보고하기 위해서 층층이 조직 위계를 지키고 한 명 한 명 다 설득해야 한다면 그 조직은 이미 경쟁력을 잃었다고 할 수 있다. 자유롭게 아이디어를 내고 고민 사항을 밤샘 토론을 통해 해결할 수 있는 소통 채널을 만들어서 경영층부터 참여토록 해야 한다.

셋째, 반대의견과 실패를 용인하는 문화가 중요하다. 반대의견과 실패를 용인하지 않는 문화에서는 상사의 지시만 존재한다. 어느 순간 밑으로부터의 도전은 사라지게 된다. CEO의 지시가 없으면 아무 일도 하지 않고 누군가 시키는 일만 하는 복종과 패자의 문화만 남게 된다. 실패를 용인하는 제도를 만들고 그 사례들을 알려야 한다. 지시 일변의 회의 분위기를 바꿔야 한다.

여러 방안 중 단 하나라도 진정성 있게 지속적으로 실행하면 조금씩 개선이 일어난다. 모두 회사가 잘되길 바라는 마음이 있기 때문이다.

어떤 말을 해도 무시하지 않는다

팀워크가 좋은 조직은 실수도 많다

어느 곳에서나 역할의 차이가 있다. 중요한 의사결정을 해야 할 때 팀원들에게 아이디어를 얻고 싶어한다. 그런데 아무도 말을 하려고 하지 않는다. 어쩔 수 없이 한 명씩 돌아가며 이야기하라고 한다. 침묵을 지키고 있던 참석자가 어쩔 수 없이 한마디한다. 문제를 해결할 수 있는 이야기가 아니라 다 아는 일반적인 이야기 수준이어서 도움이 되지 않는다. 자신의 발언을 마치면 역할을 다한 것처럼 또다시 침묵에 빠진다. 왜 이런 분위기가 될까?

많은 조직에는 다음과 같은 암묵적 룰이 있다.

• 상사가 관심을 두거나 참여한 업무에 대해서는 비판하지 말라.

- 확실한 자료, 증거, 논리가 없으면 말하지 말라.
- 확고한 결과물이 예상되지 않은 아이디어 차원의 제안은 하지 말라.
- 차상급자와 상급자가 함께 있을 때는 반대 의견이나 불만을 토로하지 말라.
- 상사의 부정적인 면은 언제 어디서나 누구에게도 말하지 말라.
- 여러 사람 앞에서 상사를 곤란하게 만들지 말라.
- CEO가 중시하는 프로젝트는 비판하지 말라.
- 튀지 말라.

강의와 컨설팅을 하면서 재미있는 현상을 보게 된다. 소통이 자유롭고 팀워크가 좋은 조직은 실수가 잦다. 반면 경직되고 상명하복의 깐깐한 조직은 실수가 적다. 이 둘의 차이는 무엇일까?

- 리더십 스타일: 리더의 엄격함에 규정이나 기준을 잘 지킨다.
- 조직 분위기: 구성원들이 긴장을 하며 일에 주의를 한다.
- 관용 여부: 자유로운 좋은 분위기를 믿고 해이해지는 경향이 있다.
- 문책 여부: 실수하면 질책 또는 불이익을 받는다.
- 조직 문화: 내 일에 남이 간섭하는 것을 싫어하고 나의 잘못으로 조직이 힘들어지는 것을 싫어한다.

이런 이유가 전부일까? 지금까지 관찰한 바에 의하면 소통이 잘 되는 조직은 조그만 실수라도 공유하고 함께 해결해나간다. 처음부터 소소한 잘못을 터놓으니까 문제가 더 확대되지 않고 바로 해결된다. 반면 소통과 팀워크가 좋지 않은 조직은 조직의 암묵적 룰이 먼저 작용한다. 실수가 조직과 개인에 미칠 영향력보다는 우선 당장 피하거나 구실을 찾겠다는 생각이 강해서 자신이 한 실수를 보고하지 않는다. 조그만 실수라도 공유하는 조직이 실수가 더 적은 이유이다.

실수를 허용하는 문화가 필요하다

해결 방안은 다양하겠지만 결론적으로 최적의 해결안은 바로 실수를 허용하는 문화의 정착이라고 생각한다. 내가 어떠한 말을 해도 모욕과 무시를 당하지 않고 경청할 것이라는 확신이 있다면 침묵하고 숨기려 할까? 자신의 잘못을 탓하기보다 함께 해결하려고 노력하는 조직에서는 침묵하는 이가 많지 않을 것이다.

위기는 불통일 때 닥친다

임원들은 절박함과 성취욕이 없다

8시 출근하여 자리에 앉자마자 전화벨이 울려 받으니 빨리 올라오라는 회장의 전화다. '잘못한 것도 없는데 무슨 일이지?' 조금은 불안해하며 수첩을 들고 20층을 향했다. 비서의 표정이 굳어 있고 빨리 들어가라고 한다. 자리에 앉으니 회장이 다짜고짜 묻는다. "왜 임원들이 목표의식도 없고 실행도 안 하며 주관도 없는 거죠? 김 팀장은 그 이유가 뭐라고 생각하나요?"

직장생활을 하면서 이런 경우가 가장 당혹스럽다. 알지도 못하는 내용에 대해 어떻게 말할 수 있는 상황도 아닌데 말해야만 하는 경우이다. "무엇이 회장님을 이렇게 분노하게 한 겁니까?"라고 물으니 임원들이 목표를 달성하겠다는 절박감과 악착같음이 없다고 한다. 김 팀장이 가끔 임원 회의에 배석하면 회장 혼자 목소리를 높이고 호통을 친다. "왜 그것밖에 못했어?" "제조와 생산이 그렇게 협력을 못 하면 어떻게 하라는 건가요? 영업의 김 전무와 생산의 이 부사장은 일주일에 몇 번 만나요?" "지난주에 내가 지시한 것이 왜 아직 보고가 안 되나요?" 호통은 길어지고 질책이 돼 임원들은 고개를 숙이고 있다가 회의가 끝난다. 대꾸하는 임원이 아무도 없다. 회장은 답답하다면서 그다음 주에도 호통과 질책을 이어간다. 이런 아쉬움과 답답함이 쌓여서일까? 회장은 한 달 이내에 임원들을 악착같이 변화시키라고 지시한다.

한 달 안에 임원들을 변화시키는 것은 불가능하다. 하지만 그 자리에서 불가능하다고 말했다가는 불똥이 튈 것 같아 일단은 나와 자리에 앉는다. 답답하다. 팀원들이 한 명씩 들어오며 무슨 일이 있냐고 묻는다. 김 팀장은 9시 반에 긴급회의를 하자고 하며 고민에 빠졌다.

나쁜 기업 문화가 위기를 만든다

M 자동차 회사는 2016년 연비 조작이 발각되면서 결국 B사에 매각되었다. 사실 M사는 이전에도 차량 결함을 은폐했다가 탄로나는 바람에 회사가 휘청거린 적이 있었다. 위기에서 배우지 못하고 은폐를 반복하는 이유는 무엇일까? 2016년 연비 조작의 발단은 M사 조직문화가 '노No'라고 말하는 것이 불가능했기 때문이다.

시키는 것은 무조건 따라야 하고 왜 하는지를 묻지 못하는 문화였다. 자신에게 주어진 일이 회사에 심각한 피해를 줄 사안임을 알고 있었음에도 담당자 선에서 끝내야 한다는 의식이 강했고 최고경영자에게 보고되지 않았다.

왜 잘못된 일을 보고하지 않을까? 그것은 담당자와 현장 부서에서 경영층을 신뢰하지 않기 때문이다. 문제가 발생했을 때 보고를 하면 문제를 일으킨 담당 부서와 담당자만 책임을 져야 하는 문화라면 굳이 경영층에 보고하지 않고 해결하려고 하거나 은폐하게 된다. 사내 비판 의식이 현저하게 떨어지고 경영층은 현장에서 무슨 일이 어떻게 돌아가고 있는지 모르기 때문에 위기에 제대로 대응할 수 없는 상황이 되고 결국 회사가 망한다.

'노'라고 말할 수 있어야 한다

김 팀장은 노발대발하는 회장에게 한 달 안에 임원들을 악착같이 변화시키는 것은 불가능하다고 말해야 했지만 할 수가 없었다. 창업자인 회장은 기업을 가장 많이 알고 있고 전 임직원을 채용했기 때문에 회장의 말은 곧 법이었다. 거기에다 잘못된 것을 보지 못하고 불같은 성격이다 보니 실패라는 것을 생각하기가 어려운 분위기였다. CEO가 원인인 경우를 포함하여 많은 기업에서 '노'라고 말하지 못하는 이유는 많다. 그중 몇 가지를 살펴보자.

첫째, 임원과 팀장 등 조직장들이 자신이 무엇을 해야 할지를 잘 모르기 때문이다. 자기 조직의 비전과 전략을 수립해 업무에 체질화해야 한다. 그런데 그런 역할이 왜 중요한지조차 모르는 조직장도 있었다.

둘째, 사업의 본질과 제품의 밸류체인에 대한 이해가 떨어져 타사업본부가 말하는 것이 어떤 파급 효과를 가져오는지 판단하지 못하기 때문이다.

셋째, 자신이 그 일을 왜 해야 하며 어느 수준까지 해야 하는지를 인지하지 못하기 때문이다.

넷째, 단기 실적에 연연하여 무조건 자기 부서의 이익만 생각하는 지시 일변도의 의사결정이 이루어지기 때문이다.

다섯째, 2년마다 순환 보직에 따른 잦은 자리 이동으로 대충 일하다가 다른 곳에 가면 된다는 의식이 있기 때문이다.

여섯째, 토론이 중시되지 않는 일방적 지시와 연공서열과 가부장적 직위를 강조하는 관행 때문이다.

일곱째, 조직장이 길고 멀리 보며 방향을 정해주지 못하고 하는 일만 하고 시킨 일만 하라고 지시하기 때문이다.

여덟째, 내 일에 대해서는 그 누구의 간섭도 용인하지 않고 남의 일에 대해서는 절대 이야기하지 않는다는 사내 불문율 때문이다.

아홉째, 절대 실패를 용인하지 않는 문화 때문이다.

보고만 잘해도 위기는 해결된다

김 팀장은 멘토인 김 사장을 찾아가 조언을 구했다. 김 사장은 상사와 의견 차이가 있을 때 '세 번 원칙'을 적용해보라고 알려줬다. '세 번 원칙'이란 이렇다. 상사가 불합리한 업무 지시를 하면 그 자리에서 그 일의 중요성과 기대효과에도 불구하고 해서는 안 되는 이유에 대해 예의를 갖춰 논리적으로 설명하고 의견을 묻는다. 이때 상사가 다 알고 있다며 지시한 대로 하라고 하면 일단 그 자리에서 나와 실패사례를 중심으로 안 되는 이유를 체계적이고 설득력 있게 자료를 작성하여 상사에게 재차 부당함을 강조한 후 상사의 의견을 파악한다. 그럼에도 상사가 안 된다고 하면 해당 업무의 전문가 또는 그 일을 했을 때 가장 영향을 받을 조직장과 함께 들어가거나 의견을 받아 안 되는 이유를 설명하고 최종 의견을 듣는다고 한다. 만약 세 번에 걸쳐 자신의 의견을 피력했음에도 지시대로 하라고 하면 리스크를 최소화하는 방안으로 일을 추진하되 수시로 일의 경과와 결과를 보고하여 일이 잘못될 가능성을 최소화한다.

사실 보고만 잘해도 위기에서 벗어날 수 있다. A회사의 김 상무는 매일 자신이 해야 할 일과 시사점을 글로 적어 상사에게 보고했다. 하루도 빠지지 않고 그날의 중요 추진 내용과 시사점을 공유하다 보니 조직장은 김 상무의 일을 훤히 알 수 있었고 어느 수준에서 무엇을 하고 있는가를 인식하고 한발 앞선 의사결정을 할 수 있었다.

'노'라고 말하게 하기 위해서는 여섯 가지가 필요하다. 첫째, 임직원 모두 일에 대한 전문성을 매우 높은 수준으로 향상해야 한다. 그래야 인식하고 주장하며 문제를 해결할 수 있다. 조직장인 팀장과 임원은 자신의 역할, 사업에 대한 이해, 조직관리 등에 대한 교육이나 워크숍에 지속적으로 참여해야 한다. 교육으로 모이면 부가적으로 소통도 이루어진다.

둘째, 최고경영층이 열린 자세를 보인다. 위에서부터 변화돼야 한다. 경영자가 본을 보여 개방적으로 소통할 수 있어야 한다.

셋째, 제도를 개선해서라도 실패를 장려한다. 고의적인 실패가 아닌 경우에는 충분히 고려해야지 엄한 처벌을 해서는 안 된다. 실패 사례집을 만들어 배포하는 것도 한 방법이다.

넷째, 다름을 인정한다. 각자 살아온 과정이 다르고 역량 수준이 다르므로 타인의 수준을 고려하여 일을 추진해야 한다.

다섯째, 잦은 만남을 갖고 열린 공간을 운영한다. 누구나 자유롭게 들어와 토론하고 부담 없이 나갈 수 있는 온라인 토론방과 함께 과제를 수행하는 데 도움을 구하는 모임을 활성화한다.

여섯째, 사무국과 같은 추진 조직을 둔다. 아무리 CEO가 관심 있다고 해도 추진 조직이 없으면 지속하기 어렵다. 사무국에서 원칙과 제도를 만들고, 점검과 피드백을 하고, 조직장과 변화 전도사들을 교육하고, 잘된 사례들을 홍보해야 한다.

인간관계가 힘들지 않아야 한다

말도 안 되는 지시와 행동에 절망한다

"회사와 직무는 좋지만 상사와 선배가 싫어 떠난다."

100대 1의 경쟁을 뚫고 입사한 직원이 퇴직하며 한 말이다. 일이 어려워서가 아니라 상사와 선배와의 갈등 때문에 그만둔다는 것이다. "나는 기대를 가지고 회사에 입사했다. 하지만 지금 이런 대접을 받으며 회사생활을 할 생각이 없다." "성장을 원했다. 눈치보며 적당히 상사와 선배가 원하는 바를 맞춰줘야만 하는 분위기가 싫다." "어렵게 입사한 곳이기에 더 근무하고 싶었다. 하지만 상사와 선배의 말도 안 되는 지시와 행동을 볼 때 나의 미래는 없었다." 그들은 한결같이 인간관계가 힘들어 떠난다고 한다.

직원이 100명 이하이고 연간 매출이 300억 이상인 기업의 직원들에게 '회사에 근무하면서 힘든 점이 무엇인가?'를 물었다. 낮은 보상과 복리후생 등을 얘기할 거 같지만 궁극적인 이유는 일과 사람에 집중되었다.

- 일의 지시가 불명확하고 왔다 갔다 한다.
- 담당이 아닌 일을 촉박하게 하라 해서 밤새워서 했더니 다른 팀에서도 같은 일을 하고 있었다.
- 스쳐 지나가며 말하고는 한 달이 지나도 하지 않는다고 하고, 급히 보고서를 작성하니 방향이 틀렸다고 지적한다.
- 자신은 하지 않으면서 기본을 지키라고 한다.
- 앞과 뒤의 행동이 다르다.
- 조직장이 방향과 과제를 주지 않고 놀고 있다고 나무란다.
- 하루 종일 할 일이 없는데 하는 체해야 한다.
- 일상 반복 업무만 수행할 뿐 성장하지 못한다.
- 아무리 생각해도 비전이 보이지 않는다.

직원이 힘들어하다 퇴직을 결정하고 나면 여러 방법과 수단을 제시해도 마음을 돌리기가 쉽지 않다. 평소 이야기를 자주 나누며 힘들어하는 이유를 듣고 미리미리 개선해가는 것이 최선이다.

일을 대하는 마음가짐이 중요하다

초우량기업의 성과가 높은 이유 중 하나는 구성원들이 일에 임하는 마음가짐이다. 많은 조직문화 책을 보면 세 가지를 강조한다. 첫째, 일에 대한 의미 부여와 자부심이다. 둘째, 근무하면서 성장한다는 생각이다. 셋째, 회사에서 근무하는 것의 즐거움이다. 결국 자부심, 성장, 즐거움이 성과를 창출한다. 조직장이 구성원들에게 비전과 목표를 분명히 보여주고 관심을 가지고 성장을 시키겠다는 의지와 실행이 매우 중요하다고 할 수 있다.

직원들의 사기를 높여야 한다

출근 인사만 나누어도 좋아진다

인재원장으로 근무할 때의 일이다. 김 과장이 문 앞에서 "원장님, 안녕하세요?" 하며 인사를 하기에 "김 과장, 좋은 아침!" 하며 응했다. 그가 성큼성큼 나에게 걸어오더니 오른손을 펴서 내밀었다. 하이파이브. 직장생활 31년 동안 처음 하는 새로운 인사법이었다. 다음 날도 또 다음 날도 김 과장의 인사는 하이파이브였다. 너무 바빠 컴퓨터 화면만 바라보고 몰두하고 있는 날에도 김 과장의 하이파이브는 거절할 수가 없었다. 그렇게 김 과장은 가슴속에 간직되었다.

출근 인사를 어떻게 하고 있는가? 혹시 '영혼 없는 인사'를 하고 있지는 않은가? 아무도 응시하지 않고 마치 잘 훈련된 앵무새처럼

"안녕하세요?"라고 외치며 자리에 앉고 받는 사람도 누가 들어오는지 신경쓰지 않고 형식적으로 하지는 않는가? 만약 아내와 이렇게 인사를 주고받았다면 그날은 무척 힘들 것이다.

팀장의 역할은 성과창출이다

팀장이 자신의 역할을 알지 못하면 팀은 중심을 잃고 마치 배가 산으로 가는 것처럼 오합지졸이 되고 만다. 팀장이 되기 전부터 체계적으로 팀장의 역할을 교육받고 그 역할대로 준비할 충분한 시간이 있다 해도 다양한 상황에 적지 않은 갈등이 생길 수 있다. 하물며 체계적인 교육은 고사하고 자신의 상사가 하는 모습을 보며 팀장이 되었다면 어떻게 될까? 반대로 팀장의 역할을 명확하게 알고 있다면 갑자기 의욕에 찬 대여섯 명의 팀원들로 구성된 팀을 맡게 되더라도 본인의 프로젝트를 중심으로 뛰어난 성과를 창출할 수 있을 것이다. 그렇다면 팀장의 역할은 무엇일까?

첫째, 팀장의 가장 중요한 역할은 팀이 수행해야 할 역할과 책임R&R을 중심으로 비전, 전략, 중점과제를 수립하고 내재화하며 팀원들이 실행하여 성과를 내게 하는 일이다. 팀장은 방향을 정해 팀원들이 모두 한 방향으로 가게 해야 한다. 자신이 정한 비전, 전략, 중점과제를 수시로 이야기해야 한다. 필요하다면 화이트보드에 적어놓고 볼 때마다 강조해야 한다. 팀원들 입에서 방향을 모르겠다는 말이 나오면 팀장의 역할을 제대로 하지 못하고 있다고 보면 된다.

둘째, 팀원들의 역량을 고려하여 목표를 부여하고 과정을 관리하여 역량을 향상하고 일의 성과를 창출하는 것이다. 사람은 모두 다르다. 팀원들의 역량과 품성을 고려하여 목표를 부여해야 한다. 팀원들이 어떻게 그 목표를 달성할 것인가 스스로 계획을 세우고 구체적인 추진 일정을 짜서 가져오도록 해야 한다. 주 단위로 주간 업무 실적과 계획을 작성하게 하고 하는 일이 목표에 부합되는가를 점검해야 한다. 또한 주간 역량 실적과 계획을 작성하게 하여 팀원의 수준을 높여야 한다. 팀원들과 업무와 역량에 대한 실적과 계획을 중심으로 발표와 개별 면담을 해 스스로 잘하는지 못하는지를 판단하도록 해야 한다. 이러한 과정이 팀원을 성장하게 하고 성과를 내는 원동력이 되도록 해야 한다.

셋째, 상사-동료-팀원 간 소통을 통해 조직 분위기를 재미있게 이끄는 것이다. 팀장의 소통은 관계 정립도 중요하지만 일이 중심이 돼야 한다. 팀장이 되면서 내리사랑이라고 팀원들과 밀착하여 소통하려는 경향이 있다. 반대로 상사와의 소통은 소홀히 한다. 그러다 보면 상사의 의중을 알지 못해 일이 잘못될 가능성이 커진다. 팀장은 상사의 업무 목표, 힘들어하는 점, 성격의 장단점, 업무 스타일 등을 파악하고 있어야 한다. 상사의 의중을 알고 한발 앞서 조치해야 한다. 또한 일을 지시하면서 전체 방향, 프레임워크, 중점 내용을 설명해야 한다. 팀장이 징검다리 역할만 하면 팀원들이 방향을 정하고 전략과 방안과 추진 일정을 짜는 것을 전부 혼자 해야 한다. 어떻게 팀장을 존경하겠는가?

소통 잘하는 팀장이 성과를 낸다

성과를 내는 팀장들의 소통에는 비결이 있다. 가장 큰 특징은 소통의 거리가 매우 좁다는 점이다. 거의 밀착하듯 가까이 다가가 스킨십과 존중받는다고 느끼도록 대화를 이끌고 정을 표한다. 일 잘하는 사람들의 소통 방법을 살펴보자.

첫째, 마주 보며 앉지 않고 옆에 앉는다. 마주 볼 때는 큰 테이블보다는 작은 테이블을 두고 이야기를 나눈다. 많은 사람과 대화를 나누기보다는 소모임을 선호한다.

둘째, 긴 연설보다는 짧은 시간에 활발한 대화를 나눈다. 앉아서 미팅하기도 하지만 10분 이내의 스탠딩 미팅을 선호한다.

셋째, 대화 상대의 시선을 바라보며 이야기한다. 대화에 소외되는 사람이 없도록 배려한다. 대화에 참석한 사람들이 서로 어울리며 믿음이 있음이 엿보인다.

넷째, 예절이 몸에 배어 있다. 부정적 언어와 비판을 지양하고 상대가 말하는데 무례하게 치고 들어오거나 끊는 일이 없다.

다섯째, 매우 짧은 시간이지만 간략한 수많은 질문을 주고받는다.

여섯째, 말하는 사람의 표정과 말에 활기가 차 있다. 무엇보다도 상대방이 자신의 말을 경청하고 있다는 것을 느낄 수 있다.

일곱째, 휴게실에서 하는 대화에는 유머가 있고 공식 미팅에서도 분위기를 반전시키는 여유가 있다.

여덟째, 회의장에서도 마음을 담은 감사의 인사말을 전하거나, 문을 열어주거나 음료를 전달하거나, 상대의 실수를 웃음이나 다른 이야기로 전환하는 등 예의가 돋보인다.

고성과자들의 소통은 공통으로 짧은 시간에 수많은 말들을 주고받는다는 것이다. 그들은 완성되지 않은 문장 속에서 상대의 마음을 읽고 상황을 인지하여 이에 맞는 대화를 끌어낸다. 그래서 상대방이 적당한 흥분, 편안한 기분, 함께 있다는 묘한 감정을 느끼게한다.

3장
그 상사는 갈등을 조정해준다

어디에든 힘들게 하는 직원이 있다

조직장은 이런 직원을 기대하고 좋아한다

조직장은 직원들이 스스로 일을 기획하고 주도적으로 추진하고 진행 상황을 중간중간 보고하여 어떻게 추진되고 있음을 소상히 알리고 많은 문제점을 해결해가면서 주어진 기일 이내에 일을 끝내주기를 기대한다. 하지만 그런 직원은 없다. 대부분은 지시를 받아 일하고 조직장의 말과 행동을 지켜보고 그대로 따라 한다. 이러한 상황을 다 알고 있지만 힘들게 하는 직원은 어디에든 있다. 특히 중간 관리자인 팀장이 사원처럼 행동하면 답답해진다.

조직장은 이런 직원을 힘들어한다

- 자신이 담당하는 일의 성과 관리를 못하는 직원
- 말을 함부로 해서 조직 내 분란을 야기하는 직원
- 열정이 부족하고 집요함이 떨어지는 직원
- 1주일에 두세 번은 10분 이상 지각하는 직원
- 팀원 간 불화로 조직 분위기를 냉랭하게 만드는 직원
- 자기 일만 할 뿐 팀과 타인의 일에는 전혀 관심이 없는 직원
- 무슨 일만 있으면 그만두겠다고 하면서 퇴직하지 않는 직원
- 이해 수준이 낮고 듣고 싶은 것만 들으려는 직원
- 고객 관리를 하지 않고 팀장에게 떠맡기려는 직원
- 개선하려고 하지 않고 불평불만만 토로하는 직원
- 성취감이 없는 직원
- 비전이 없는 직원
- 교육과 면담을 해도 변화가 전혀 없는 직원
- 후배 직원에 비해 직무 역량이 떨어지며 배우려 하지 않는 직원
- 공사를 구분하지 못하고 회사 돈과 물건을 자기 마음대로 사용하는 직원
- 하려면 하라는 식으로 소통이 안 되는 직원
- 1등에 대한 욕구만 강하고 잘하는 직원을 인정하지 못하는 직원
- 말과 행동으로 타인에게 상처를 주며 권위적인 직원
- 고객과의 상담을 힘들어하는 직원

- 아무리 방법을 알려줘도 성과를 올리지 못하는 직원

- 신뢰하기 어려운 직원

- 팀원의 잘못을 팀장에게 고자질하며 불만을 토로하는 직원

- 바쁘다는 말을 입에 달고 지내면서 목표는 달성하지 못하는 직원

예의 없는 직원을 어떻게 할 것인가

무책임한 직원은 조직에 해를 끼친다

두 기사를 보고 설마 하며 놀랐다. 하나는 중견기업 지원자의 언행이다. 면접 시간을 지키지 않고 도착해 급여를 묻더니 그 월급으로는 생활할 수 없다며 회사 임원에게 자존심 상하는 말을 남기고 일방적으로 나가버렸다고 한다. 다른 기사는 편의점 출근 첫날 2시간 만에 돈, 물건, 카드 충전 등 500만 원 상당의 피해를 입히고 달아난 아르바이트생 이야기다.

100명의 조직에 품성이 좋지 않은 직원이 단 한 명이라도 있다면 그의 무책임한 언행으로 팀워크가 금방 무너진다. 그들이 조직에 미치는 안 좋은 영향은 셀 수 없이 많다.

- 10명의 품성이 안 좋은 직원의 성과는 1명의 우수 직원의 성과보다 못하다.
- 기업의 가치관 또는 원칙이 지켜지지 않는다.
- 창의적이고 도전적인 일을 하지 않으면서 오히려 하는 사람의 뒷다리를 잡는다.
- 조직장의 관리 부담이 커져 조직 생산성에 해악이 된다.
- 엉뚱한 언행과 일 처리로 회사의 이미지가 실추돼 고객에게 부정적 이미지를 줄 수 있다.
- 다른 팀원들이 그들과 갈등을 일으키지 않으려 노력하느라 시간과 에너지를 허비하게 된다.
- 그들에게 마음의 상처를 입은 팀원들이 같은 팀에 있는 것을 힘들어한다.
- 그들의 유지 결과는 그동안 쌓아온 신뢰를 잃게 하고 나쁜 이미지가 전파된다.
- 자신이 속한 조직의 일들을 타 조직과 구성원에게 부담을 주게 한다.
- 자기 잘못은 생각하지 않는다. 자기 잘못은 하나도 없고 전부 타인의 잘못이라고 떠들고 다닌다.

인성이 안 된 직원을 어떻게 대해야 하는가

인성이 안 된 직원에게 받은 상처는 쉽게 낫지 않는다. 판자에

못을 박고 못을 빼냈다고 해서 못 자국이 없어지지 않는다. 더군다나 그런 직원이 조직을 책임지는 관리자나 경영자가 됐을 때는 문제가 정말 심각해진다. 오직 자신의 잣대로만 의사결정하고 자기 이익만을 위하고 직원들을 수단으로 생각하고 다른 조직에 대한 배려가 없다. 적극적으로 조치하지 않으면 성과는 고사하고 조직이 망가지는 결과를 가져온다. 회사 차원에서 먼저 적극적으로 조치해야만 한다. 조치는 크게 3단계로 살펴볼 수 있다.

- 1단계: 채용 과정 단계이다. 지원서와 면접에서 인성 기준을 엄격하게 적용하여 역량이 뛰어날지라도 회사에 맞지 않는 사람을 걸러내야 한다. 품성이 좋지 않은 사람은 입사하지 않는 것이 좋다. 믿고 채용했는데 조직에 해악을 주면서 퇴직하지 않는다면 고통이 될 수밖에 없다. 따라서 채용담당자는 역량도 중요하지만 먼저 품성을 갖춘 사람을 선발해야 한다. 물론 짧은 시간에 올바른 사람을 구별하기는 쉽지 않다. 지원서에 회사에 부합되는 인재상이나 핵심가치에 대한 질문을 통해 심사하고 인적성 검사에서 회사에 부합되지 않는 지원자를 걸러내는 장치를 마련해야 한다. 무엇보다 여러 번 다양한 면접과 관찰을 통해 함께 근무하고 싶은 사람만 선발해야 한다. 채용 전 인턴이나 채용 후 수습 기간을 두고 지원자와 합격자를 주도면밀하게 살펴야 한다.
- 2단계: 입사 후 최소 6개월에서 1년 동안 조기전력화 프로그램 운영 단계이다. 아무리 인원이 적어도 전사 차원의 입문

교육을 해야 한다. 회사의 연혁, 가치관과 문화, 사업 특성과 제품, 조직과 제도에 대한 교육을 통해 회사를 이해시키고 선배 또는 조직장과의 대화, 팀워크 활동 등을 통해 공동체 의식을 심는 것이 중요하다. 우수한 선배를 멘토로 배정해 선후배 관계를 맺어주고 일하는 방식과 인간관계에 대한 경험과 지식을 쌓게 하는 것이 중요하다. 조직장의 관심과 참여는 기본이다. 직원의 육성 책임은 조직장의 기본 역할임을 부각하여 1년 동안 강한 인재로 탈바꿈시켜야 한다. 첫 직장의 상사에게 배운 것이 평생 영향을 미친다. 조직장이 본을 보여 6개월에서 1년을 어떻게 이끄느냐에 따라 신규 입사자의 생각과 태도가 달라진다.

- 3단계: 저성과자제도 운영 단계이다. 인성이 나쁘다는 이유로 해고할 수는 없다. 조직장 입장에서는 힘든 일이지만 함께하는 동안 끌고 갈 수밖에 없다. 그렇다고 모든 책임을 조직장에게 짊어지라고 할 수는 없다. 저성과자 제도를 운영하여 기회를 주되 그래도 개선되지 않으면 새 직장이나 일을 찾도록 해야 한다.

저성과자 직원을 어떻게 할 것인가

김 과장만 없으면 좋겠어요

저성장 시대에 기업은 퇴출 없이는 채용을 이어갈 수 없게 되었다. 성과주의 인사가 강조되면서 소수의 핵심직무와 핵심인력에 선택과 집중이 이루어지고 시장에서의 전문성과 가치가 개인 보상의 기준이 되었다. 문제는 저성과자들이다. 온정주의 문화와 강한 노사관계하에서 그들을 해고한다는 것은 거의 불가능하다. 저성과자들은 타 기업은 고사하고 회사 내 그 어느 부서에도 보낼 수 없고 다른 직무를 부여할 수도 없다. 조직과 구성원에게 피해를 주고 기여는 거의 없는데 해고도 할 수 없어 다른 직원을 뽑을 수도 없다. 호봉제에서 연봉은 높은데 일을 제대로 못 하고 문제만 일으킨다. 그러다 보니 성실하게 일하는 동료나 후배들이 일할 맛이 나지 않는다는 불만이 많다. 조직장에겐 큰 부담이 되지 않을 수 없다.

"저희가 김 과장 일을 나눠서 하겠습니다. 김 과장만 없으면 좋겠습니다."

팀원들이 팀장을 찾아와 고통을 호소한다. 팀장도 할 수 있는 방법이 없다. 회사 내에서 김 과장은 문제아로 소문이 나서 아무도 함께 근무하려고 하지 않는다. 전년도에 B팀으로 이동시키려 했으나 김 과장이 오면 전원 퇴직하겠다는 팀원들 때문에 무산된 적이 있다. 인사부서는 팀원이니까 팀장이 책임지라고 한다. 김 과장은 팀원들과 점심을 먹지 않고 출퇴근 시 인사도 안 한다. 아무도 김 과장이 무엇을 하는지 관심이 없다. 김 과장은 퇴직할 생각도 없다. 자신은 자기 역할을 다하고 있다고 생각한다. 김 팀장의 고민이 깊어질 수밖에 없다. 김 과장을 어떻게 할 것인가?

성과와 역량별 과제와 보상이 필요하다

모든 직원은 살아온 환경, 역량 수준, 생각과 일하는 방식이 다르다. 뛰어난 사람도 있고 조금 떨어지는 사람도 있다. 수많은 다양성이 존재한다. 누구에게나 동일한 과업을 부과하는 것은 조직을 망하게 하는 지름길이다. 가정에서도 유치원생 딸과 대학원생 딸에게 동일한 수준의 요청을 하고 동일한 금액의 용돈을 주지 않는다. 하물며 이익을 창출하여 지속성장해야 하는 기업에서 직원의 성과와 역량을 무시하고 동일한 직무를 수행하게 할 수 없다. 역량과 성과가 높은 직원에게는 더 높은 수준의 과제와 보상을 주고 역량과 성과가 낮은 직원에게는 낮은 수준의 직무를 부여하되 성장할 수 있도록 육성해야 한다. 역량이 높은 직원에게 평이한 업무를 부여하고, 역량이 낮은 직원에게 높은 수준의 직무를 부여해서는 안 된다. 개개인의 역량 수준에 맞게 목표를 부여하고 과정을 관리해야 한다. 일반적으로 인력은 성과와 역량을 평가하여 3단계로 구분한다.

- A 플레이어(고성과자): 미래 리더로 성장할 잠재력 있는 핵심 인재이다. 통상 전체 임직원의 10~15% 수준이며 업의 특성이나 성장 단계 등에 따라 달라진다. 이들은 경영 변화에 민감하며 사업 전략을 수립하거나 새로운 제품을 개발하는 역할을 한다.
- B 플레이어(대부분 인력): 위기 시 회사의 안정을 도모하고 변함없는 로열티로 기존 사업의 굳건한 토대 역할을 담당한다. 전체 구성원의 80~85% 수준이다.
- C 플레이어(저성과자): 퇴출 또는 재교육이 필요한 하위 5% 미만의 구성원으로서 성과와 역량이 매우 떨어진다. 이러한 저성과자는 본인에게 주어진 성과 목표를 달성하지 못할 뿐만 아니라 타 구성원과 조직 전체에 부정적인 영향을 주게 돼 회사가 추구하는 전략적 목표 달성을 어렵게 한다.

참고로 성과와 역량을 중심으로 인력을 구분할 때 성과는 통상 3개년 고과를 기준으로 점수를 부여하여 3~5단계로 나눈다. 3단계일 경우 상위(20%), 중간(70%), 하위(10%)로 나눈다. 역량도 3~5단계로 나누는데 역량 평가, 경영자 판단, 근속연수, 연령 등을 고려하여 단계를 구분한다. 측정은 설문이나 인터뷰를 활용하기도 하지만 3×3 매트릭스에 따라 인력 유형별로 관리한다.

저성과자는 체계적으로 관리해야 한다

조직과 구성원에게 저성과자가 미치는 부정적 영향을 최소화하고 장기적으로 인적 경쟁력을 강화하기 위해서는 체계적이고 지속적으로 관리해야 한다. 저성과자 관리는 크게 두 가지 영역으로 살펴볼 수 있다. 하나는 유지하는 방안이다. 역량 강화를 위한 교육을 하거나 조금 낮은 직무를 수행하게 하는 방법이다. 다른 하나는 퇴출하는 방안이다. 자회사나 다른 회사로 전직을 알선하거나 일정 금액의 명예퇴직금을 주고 퇴직시킨다.

사실 우리나라 「근로기준법」 23조 1항은 '사용자는 근로자에 대하여 정당한 이유 없이 해고, 휴직, 정직, 감봉 기타 징벌을 하지 못한다.'라고 명시하고 있다. 해고가 어렵다 보니 조직과 개인에게 폐해를 주는 직원을 조치하는 방안은 생각보다 쉽지 않다. 결국은 그들의 역량을 높이고 일에 몰입하게 하는 방안이 현실적이다.

저성과자 관리의 포인트를 알아보자. 첫째, 저성과자에 대한 정의이다. 저성과자에 대한 정의를 어떻게 내리느냐에 따라 선정 기준과 구성원과의 공감을 끌어낼 수 있다. 통상 3년 이상 성과와 역량이 하위 10% 미만이며 조직과 구성원에게 정신적, 물리적 폐해를 주는 사람으로 정의한다.

둘째, 선정 기준과 공정성이다. 선정 기준과 공정성이 확보되지 않으면 조직과 구성원의 반발은 물론 노사 갈등의 원인이 될 수 있는 만큼 신중해야 한다. 선정 기준은 통상적으로 3개년 성과와 역량 평가 하위 10% 미만인 자 중에 조직장이 조직과 구성원에게 직·간접적으로 폐해를 준다고 구체적으로 명시한 자이다. 이때 평가결과는 매우 중요한 자료이다. 등급보다는 순위로 관리하고 면담 기록은 구체적이어야 한다.

셋째, 선정된 저성과자에 대한 회사의 해고 회피 노력이다. 최소한 2년 이상에 걸친 육성 기회 부여와 체계적인 부서장 면담이 이루어져야 한다. 회사가 저성과자를 위해 노력한 것과 그럼에도 본인의 개선 의지가 없었다는 것을 설명할 수 있어야 한다.

넷째, 퇴출에 따른 금전적, 비금전적 지원이다. "일도 안 하고 성과도 없는 사람에게 무슨 명예퇴직금이야? 인사는 이런 일 하라고 있는 조직이잖아?"라고 할 수도 있다. 하지만 퇴직자가 마음의 상처를 입지 않도록 회사가 배려할 수 있어야 한다.

다섯째, 끝까지 퇴직하지 않는 저성과자에 관한 조치 방안 마련과 법적 준비이다. 많은 방안이 있지만 쉬운 일은 아니다. 퇴직하지 않고 버티는 사람은 이미 갈 데까지 갔다는 생각으로 개인과 조직 갈등을 일으키는 등 회사에 보이지 않는 손실을 입힐 수 있다.

여섯째, 퇴출 후의 구성원 사기 진작 방안 마련이다. 함께 일한 동료를 그 어떤 이유로든지 내보냈다는 점은 마음 아픈 일이다. 구성원들이 힘들었던 상황에서 벗어나 새롭게 목표를 설정하고 도전하며 몰입하게 해야 한다. 조직장의 역할이 무엇보다 중요하다.

직장인이라면 누구나 스스로 일을 기획하고 성취감을 느끼며 일할 맛 나는 조직 생활을 하고 인정받기를 희망한다. 저성과자 관리는 우선 성과를 창출할 수 있도록 기회를 제공하는 방향이어야 한다. 역량을 강화하고 새로운 직무 기회를 제공하는 등의 체계적이고 적극적인 노력을 해야 한다. 그러나 최근 기업들이 저성과자 관리를 급작스럽게 임박하여 퇴직 방향으로 하다 보니 상처를 주게된다. 많은 구성원에게 꿈과 미래를 잃게 만든다. 설령 퇴직이 유보되었다 하더라도 이미 마음에 상처를 입은 구성원을 이끌고 즐겁게 좋은 직장을 만들어가자고 이야기할 수 없다.

저성과자 관리는 '나도 언젠가는 저성과자가 될 수 있다.'라는 생각에서 '사람을 사랑하는 마음'이 기초가 돼야 한다. 그들도 한 가정의 아버지 어머니이며 사랑받는 아들과 딸이라는 점을 잊어서는 안 된다. 각자의 위치에서 현재와 미래에 더 성장하고 인정받고 성취할 수 있도록 최대한 세심하게 배려하고 지원해야 한다. 그러나 변하려 하지 않고 지속적으로 조직에 장애나 부담이 되는 구성원은 어려울지라도 적극적으로 자발적 퇴직을 유도할 수밖에 없다.

어떻게 더 성장하고 가치를 높일 것인가

회사에서 어떤 일로 마음 고생하는가

A회사의 신입사원 입문 교육과정에서 '직장인의 마음가짐과 자세'에 관한 강의 전에 먼저 신입사원의 질문을 받았다. "그동안 살아오면서 어려움이 무엇이었고 어떻게 극복했습니까?" "요즘 청년들은 취업하기도, 취업 후 생활하기도 어렵습니다. 청년들에게 조언한다면?" "돈도 많은데 퇴직하고 왜 일을 계속합니까?" 이 질문에 어떻게 대답하겠는가? 질문 순서대로 이렇게 대답했다. 나는 일에 대한 자부심, 학습을 통한 성장, 생활 그 자체가 즐거워서 어려움이 없었다. 지금 청년보다 1980년대 직장생활을 한 사람들의 젊었을 때가 더 어렵고 생존과 배움에 대한 갈망이 더 절실했고 그것을 즐겼다. 청년들에게 조언한다면 정보 처리 능력, 창의성, 다양

성, 글로벌 역량 등 지금의 시대를 사는 당신들의 강점을 강화하는 것이 좋다. 퇴직 후 40년을 더 살아야 하므로 나의 경우 봉사해야 할 시점은 늦었지만 지금부터 시작하는 마음으로 배우며 실천하고 있다.

퇴직하는 신입사원에게 "왜 이 회사를 떠나려고 하나요?"라고 물으면 대개 "공부를 더 하고 싶습니다." "자격증에 도전하고 싶습니다." "(지방 근무자 등의 경우) 좋아하는 사람과 함께하고 싶습니다." 라고 대답한다. 그러나 실상은 상사나 선배와의 갈등이거나 경직된 조직 분위기가 원인인 경우가 많다.

경력사원 중 퇴직자들은 다음과 같은 이유로 마음고생을 하다가 다른 직장을 알아보거나 다른 길을 선택하는 경우를 자주 본다.

- 옮긴 기업은 프로세스를 갖추고 각자가 자신의 일을 할 것으로 생각했는데 실상은 너무 달랐다.
- 회사의 현재와 미래에 대해 부정적이고 자신의 일이 아니면 신경쓰지 않는다.
- 인정과 격려는 물론 질책도 없는 무관심이 전염돼 있다.
- 미래 성장을 위한 경쟁력 중심의 대화가 아니라 서로 네 탓이란 탁상공론만 무성하다.
- 조직 개편을 자주 하여 1년에 3~4번 자리 이동을 해야 했다.
- 말도 안 되는 CEO 지시에 아닌 걸 알면서도 한 명도 반대 없이 따른다.

- 성장한다는 느낌보다 퍼주며 정체되는 느낌이다.
- 괜찮은 사람들은 떠나고 남은 사람이 바보가 된 느낌이다.
- 오라는 곳이 있으면 언제든지 갈 준비가 돼 있었다고 말한다.

이들은 이미 떠나겠다는 마음을 굳혔기에 설득하기가 쉽지 않다. 이미 신뢰를 잃어 마음고생이 많다거나, 반복되는 생활에 이러다가 큰일 나겠다고 생각해 늦기 전에 퇴직하겠다고 말하는 사람들이 적지 않다.

자신의 가치를 높이는 직원의 특징은 무엇인가

반면 정년퇴직을 하는 선배는 "앞으로 40년을 더 살아야 하는데 지금까지 앞만 보고 살아온 욕심과 허망함은 다 내려놓고 이제 새롭게 시작한다는 마음으로 봉사하듯 살아가겠다."라고 말한다. 퇴직 후 더 성장하며 자신의 가치를 높이는 사람들은 다음과 특징을 보인다.

- 지향하는 바가 분명하고 목표와 열정이 만나는 사람들에게 전달된다.
- 의사결정이 단순 명료하고 전략적이며 미래지향적이다.
- 외부의 변화에 민감하고 변화하는 속도가 빠르다.
- 꾸준한 대내외 네트워크 관리를 통해 자신의 편을 만들고 활

용한다.

- 무엇보다 자신만의 강력한 무기인 명품 제품과 서비스가 있다.

- 매사에 감사하고 겸손하며 상대에 대한 존중과 공감대를 잘 형성한다.

부정적인 직원을 어떻게 할 것인가

직원이 부정적일 때 어떻게 할 것인가

새로 온 팀장이 매주 금요일 5시에 팀 회의를 한다고 선언했다.
팀원에게 금주 업적 실적, 다음 주 계획, 역량 향상을 위해 한 노력,
잘한 일 3가지, 건의사항을 발표하라고 했다. 처음 팀 회의에는 팀
원 10명 중 2명이 팀 회의를 잊고 있었다. 팀장은 올 때까지 기다
리다가 도착 후 진행했다. 자료를 준비한 팀원도 있었고 자료 없이
말로만 설명하는 팀원도 있었다. 한 시간은 걸릴 것으로 생각했으
나 30분도 되지 않아 발표가 끝났다. 팀장은 종합하여 정리했고 월
요일에 전원 개별 면담을 하겠다고 말한 후 매주 팀 회의는 정해진
시간에 자료를 가지고 진행하도록 요청했다.

두 번째 팀 회의에는 한 명이 지각하고 자료 없이 참석했다. 팀

원의 발표는 대개 업적 실적과 계획뿐이고 나머지 항목은 없거나 형식적이었다. 팀장은 팀원의 발표가 다 끝나자 팀 회의는 매우 중요하니 최대한 준비해서 발표하라고 요청했다.

세 번째 팀 회의를 하는 날 A과장이 다른 팀원의 발표 중 시계를 보거나 "저것도 일이라고 발표해?" "자기가 한 것도 아니면서." "길게도 하네."라는 등 혼잣말을 했다. 발표를 하는 사람도, 듣는 사람도 매우 거슬렸다. 정작 A과장은 의식하지 않는 듯했다. 팀장이 A과장에게 회의에 집중해달라고 요청했다. 마지막에 팀장이 피드백하는데 A과장이 시계를 보더니 "퇴근 늦겠네."라고 말했다. 여러분이 팀장이라면 어떻게 하겠는가? 중요한 미팅이나 회의를 하는데 집중하지 못하고 분위기를 엉망으로 만드는 말과 행동을 하는 경우가 있다. 예를 들어 다음과 같다.

- 시계를 보거나 주변에 시선을 돌리는 등 불필요한 행동을 한다.
- 주제에 어울리지 않는 농담이나 실없는 말을 한다.
- 수준이 낮거나 이해 안 되는 말을 한다.
- "왜 안 끝나?" "해봤자 소용없는데." 등 힘 빠지게 하는 말을 한다.
- 늦게 참석하거나 회의 시간 중 일이 있어 나가겠다는 예의 없는 행동을 한다.
- 말 한마디 하지 않고 다른 일을 하거나 조는 행동을 한다.
- 다른 참석자가 말하는데 끼어들거나 불필요한 질문을 하는 행동을 한다.

- 무슨 말만 하면 반대만 하고 잘못만 들추며 정작 자신의 주장은 없다.

참석자 전체를 피곤하고 불편하게 하는 부정적이고 회의적인 직원이 있다. 참으며 회의를 마무리해도 기분이 좋지 않다. 결론을 맺었으나 그 결론이 최상이라는 생각이 들지 않아 아쉬움이 남는다. 그 한 사람 때문에 다른 팀원들도 스트레스를 받는다. 이런 경우 적극적으로 대처하지 않으면 조직장의 리더십에 타격을 입게 된다. 부정적이고 회의적인 언행이 다른 직원들에게 전염되거나 그게 싫은 직원이 팀을 떠나게 된다. 더욱이 다른 회사와의 미팅에서 무엇인가 성과를 내야 하는데 한 사람의 언행으로 그르치게 되고 회사의 이미지를 훼손할 수 있다. 부정적이고 회의적인 직원을 어떻게 조치하는 것이 현명할까?

팀장은 강압이나 방치를 해서는 안 된다

A팀장은 성격이 불같고 매우 열정적이다. 일이 잘못되거나 눈에 거슬리면 참지를 못한다. 경영진이 A부장을 팀장으로 임명할 때 당부한 사항 첫 번째가 성질을 죽이라는 조언일 정도이다. A팀에도 부정적으로 말하는 과장이 한 명 있었다. A팀장과의 첫 미팅에서 "그 안은 이전에 했는데 실패했습니다. 해봤자 실패합니다."라고 말했다가 한 시간 넘게 전체 앞에서 질책을 받았다. 이 일을 계

기로 A팀에서는 "팀 회의에서 대안 없이 반대만 하거나 부정적으로 말하는 직원은 팀에서 떠나라."라는 말이 회자되었다. A팀장은 자유로운 분위기 속에서 의견을 개진하기보다는 자신의 말에 무조건 순응하길 원했다. A팀장 모르게 뒷담화를 하는 일이 있을지는 몰라도 A팀에서 부정적이고 회의적인 언행이 사라졌고 팀원 모두 꼭 필요한 말이 아니면 하지 않았다. A팀장도 팀 회의보다는 팀원 개별 미팅과 지시를 선호한다.

B팀장은 부정적이고 회의적인 직원에 대해 관대한 편이다. 이런 행동을 하는 직원에게 B팀장은 질문을 한다. "김 과장의 결론은 무엇인가요?" "이 대리가 이 일을 맡는다면 무엇을 최우선으로 하고 누구와 함께 일할 건가요?" 모두가 반대해도 해야만 하는 일인데 그래도 이 차장이 담당해야 하지 않겠어요? 이 차장만 믿어요." 같은 방식으로 부정적이거나 회의적인 팀원에게 일을 맡기는 편이다. 팀원들이 일을 맡겨놓고 나 몰라라 하지 않고 조금이나마 성과를 창출할 수 있도록 이끌어준다. 하지만 일정 기간 이상 기회를 주고 이끌어주었음에도 변하려 하지 않는 부정적이고 회의적인 팀원은 함께 가기 힘든 사람으로 판단해 매우 냉정하게 대한다.

C팀장은 방임형 스타일이다. 누가 무슨 말을 하든 신경을 쓰지 않는다. 전체 회의를 하는 일도 거의 없고, 팀원 중 부정적이고 회의적인 말을 해도 알아서 하라는 식이다. 자신의 일만 하고 남의 일에 관심이 없고 무슨 말을 해도 소귀에 경 읽는 식이다. 팀원이 팀에 대해 불만을 이야기하면 그래서 무엇이 문제이고 어떻게 하

길 원하느냐를 묻는 것으로 끝이다. 들어주고 질문한 것만으로 할 일을 다 했다고 생각한다. 팀원들도 팀장에게 변화와 개선이 있을 것이란 기대를 하지 않는다.

　위 세 팀장 중 부정적이고 회의적인 직원에 대해 가장 적절하게 대응한 팀장은 누구일까? 쉽게 예상할 수 있듯이 B팀장이다. 부정적이고 회의적인 직원이 많으면 팀워크가 약해지고 성과를 창출하기 어렵다. 그렇다고 그들을 강하게 질책하면 팀의 자율과 공유의 문화가 영향을 받게 된다. 리더라면 그때그때 여러 여건에 따라 조치해야 한다. 강압하거나 방치하는 것이 아니라 조직의 룰에 따라가는 방법도 좋은 방안이다.

불만을 공론화하는 직원을
어떻게 할 것인가

직원이 인사평가에 불만을 품었을 때 어떻게 할 것인가

A는 애초 정원이 없는 자리에 사무보조직으로 입사했다. 보일러도 없는 회사에 보일러 자격증만 가진 낙하산 직원이었다. 대학을 졸업하지 않았고 운전을 하다가 입사했다. 기획력도 거의 없고 PC 조작 능력도 떨어져 회사 내에서 갈 수 있는 자리가 없었다. 첫 부서는 총무팀이었다. 우편물 수령과 전달, 물품 확인, 건물 관리 등 사소한 일과 직원들의 잔심부름을 도와주는 보조 업무를 맡았다.

세월이 지나 A는 승진에 욕심을 내기 시작했고 진급하지 못하는 것에 늘 억울해하며 부서장에게 자주 불만을 토로했다. 부서장은 업무 역량과 성과를 봤을 때 대리 이상의 직급으로 승진시킬 수는 없다고 판단했다.

A는 이후 회사를 상대로 승급 관련 소송을 했다. 팀장이 자신에 대해 편파적으로 무시했고 주위에서 왕따를 시켜 성과가 낮을 수밖에 없었다고 주장했다. 회사는 리스크를 감수하고 재판을 진행했다. 진행 과정에서 A의 부정 입사와 본인이 주장하는 내용이 모두 거짓으로 판명됐고 회사는 소송에서 100% 승소했다.

　하지만 소송 이후 전문 경영인이었던 CEO가 임기만 채우고 간다는 생각에 '좋은 게 좋은 것'이라며 A를 징계나 후속 조치 없이 교육팀으로 발령을 내고 떠났다. 새로운 CEO는 자신의 3년 임기 동안 문제를 일으키지 말라고 교육팀장을 불러 지시했다. A는 교육팀에서 할 줄 아는 일도 없고 남 앞에 서는 것이 싫다고 주장했다. 무엇보다 회사가 자신에게 한마디 협의 없이 강제적으로 발령을 낸 것은 말이 안 된다며 고용노동부에 민원을 제기했다. 직원 중 계약직만 교묘히 괴롭혀 퇴사하도록 했고 부서 업무가 원활히 진행되지 못하게 지속적으로 방해했다. 교육팀장은 CEO에게 징계도 올리고 해결 방법을 다방면으로 찾아 진행했지만 번번이 실패했다. CEO는 자신의 임기 동안 불만이 없도록 조치하라고만 당부했다.

　A는 해마다 가장 낮은 인사평가를 받았다. 그는 본인의 억울함과 낮은 인사고과에 대해 재고해줄 것을 인사팀장과 CEO에게 끊임없이 요구하는 동시에 지속적으로 고용노동부에 민원을 냈다. 직원들은 A와 업무적으로 또 인간적으로 부딪치는 것을 극도로 꺼렸다. A는 불평과 민원으로 일관하며 진급을 요구하고 있다. A를

어떻게 면담하고 조치하는 것이 옳은가?

직원의 입장을 듣되 문제가 있으면 조치한다

먼저 A의 입장을 듣고 상황을 파악해야 한다. A가 지속적으로 불만을 토로하고 외부 기관에 민원을 제기하는 이유가 있을 것이다. 승진 탈락이라면 왜 승진 탈락이 됐는지 본인에게서 들어야 한다. 무엇이 근본 원인인가를 알 때 해결의 실마리가 보인다. 논리가 되지 않는 말을 할지라도 먼저 본인이 생각하는 회사, 직무, 인간관계 등에 대해 듣고 상황을 파악해야 한다.

둘째, A가 잘할 수 있고 원하는 직무를 지원해줘야 한다. A가 희망하는 바가 승진이라면 그 기준과 방법을 제시하고 노력하게 돕는 것이 바람직하다. 승진하기 위해서는 성과를 내야 한다. A가 성과를 낼 수 있고 잘하고 좋아하는 부서가 있다면 사내 공모 절차를 거쳐 이동하는 것을 도와줄 수도 있다. 만약 가고 싶어 하는데 역량이 되지 않는다면 역량 향상 기회를 부여해야 한다.

셋째, 부서장이 정기적이고 지속적인 면담을 해야 한다. A에게 관심을 가지고 주 1회 특정 요일을 정해 목표와 결과물 중심으로 면담을 하는 것은 기본이다. 결정 사항에 대해서는 메모로 전달하고 A가 기록한 것을 체크한다. 하기로 한 일을 하지 않거나 지시한 사항에 대해 불만을 토로할 때는 해야 함을 강조한다. 이때 유념할 사항은 다른 직원과 절대 비교하면 안 된다는 것이다. 또한 정기적이고 지속적으로 기록하고 관리해야 한다.

넷째, 불만과 지시 불이행이 지속되면 내부 징계위원회를 통해 징계 조치를 해야 한다. 좋은 게 좋은 것이 아니다. 한 사람의 인생이 바뀔 수도 있는 문제이다. 언제까지 사회 부적응자로 이 직장 저 직장을 돌거나 함께하는 사람들에게 피해를 주는 사람으로 남게 할 것인가? 아닌 것은 분명히 아니라고 이야기하고 잘못한 것에 대해서는 다시는 그렇게 하지 않도록 냉정하고 강경해야 대응해야 한다. 징계해야 할 사항을 눈감아주면 잘못한 일을 습관화하고 더 큰 잘못을 죄책감 없이 할 가능성이 크다.

다섯째, 지속적으로 반성하지 않고 조직과 직원들을 괴롭히면 새 삶의 기회를 부여하는 것이 옳다. 징계 이후에도 뉘우치지 못하고 맹목적으로 불평하고 투서를 지속하며 직급이 낮은 나이 어린 직원을 괴롭혀 팀워크를 해치고 조직에 문제를 일으킨다면 함께 갈 수는 없다. 다른 곳에서 자신의 꿈을 이루도록 기회를 주는 것이 바람직하다. 만약 거절한다면 강력하게 조치해야 한다. 다른 직원들과 회사의 성장도 매우 중요하다.

말을 함부로 하는 직원을
어떻게 할 것인가

그 어떤 직원도 폭언을 해서는 안 된다

A대리는 팀 선배인 B차장의 폭언으로 힘들다. 회의 시 팀원이 무슨 의견을 제시하면 B차장은 "그것 예전에 다 해봤다. 제대로 알고 말해라." "무슨 말도 안 되는 말을 하냐? 안 되는 거 알잖아." "하여간 요즘 젊은 애들 수준이 이래요." 등 비아냥과 비난으로 상대의 기분을 상하게 한다. 어느 순간부터 회의에서 B차장의 말을 듣기 싫어 의견을 제시하지 않는다. 팀장이 몇 번이고 B차장에게 주의를 주었지만 버릇을 고치지 않는다.

A대리가 담당하는 프로젝트의 리더는 B차장이다. A대리가 자료를 조사하여 정리해 가져가면 불만 가득한 모습으로 "왜 국내 사례만 조사했지? 해외 사례도 조사했어야지. 너는 머리가 그렇게 돌

아가지 않니?" 등의 모욕적인 발언을 했다. 시키지 않았지만 프로
젝트에 도움이 될 듯하여 자료 검색을 하여 유익한 정보를 몇 가지
가져가면 "그렇게 시간이 남느냐?"라는 식으로 면박을 줬다. 잠시
자리를 비우면 바쁜데 한가하게 놀고 왔다고 하고, 약속이 있어 퇴
근한다고 하면 선배는 남아 일하는데 후배가 돼 항상 자기 일이 우
선이라고 반응했다.

A대리는 팀장에게 "팀과 프로젝트는 좋지만 B차장과는 함께 일
하기 싫다."라고 말하며 조치해달라고 요청했다. 팀장은 "직장의
급여에는 감정 상하는 일을 참는 것도 포함돼 있다."라고 하며 알
았다고 대답했다.

조직장이 미온적으로 대처하면 팀워크를 망친다

2019년 7월부터 「직장 내 괴롭힘 금지법」이 시행되었다. 사용자
나 근로자가 직장에서의 지위 또는 관계 우위를 이용해 다른 근로
자에게 신체적 또는 정신적 고통을 주는 행위를 금지한 근로기준
법 개정안이다. 하지만 대부분 직장인들은 위법 소행과 그로 인해
피해가 있었다는 점을 입증해야 하는 어려움과 직장 내 인간관계
악화, 주변의 평판 등을 고려하여 참는 경우가 많다. 힘든 경우 조
직장과 면담을 하지만 조직장이 문제를 만들지 말고 '좋은 것이 좋
다'는 식의 땜질 처방을 하며 사태를 악화시키는 경우가 있다. 예
를 들어 문제를 일으킨 B차장을 불러 A대리가 이런 일이 있었다고

하는데 다음부터는 주의하라는 식이다. B차장은 알았다고는 하지만 많이 도와주고 가르쳤는데 자기에게 말하지 않고 상사에게 불만을 토로한 A대리에 대해 좋게 생각하지 않는다.

조직장의 미온적 조치가 팀워크를 망치고 팀원과의 갈등을 조장하여 마음을 떠나게 하는 원인이 되기도 한다. 팀원이 조직장에게 면담을 요청해 자신의 힘든 점을 이야기하는 것은 큰 용기이다. 근원적 대책을 마련하지 않으면 심각한 상황을 가져올 수 있다.

직장 내 상대를 인정하고 상호존중하는 것은 반드시 지켜야 할 기본이다. 회사의 철학과 가치에 인간 존중은 당연한 것이고 취업규칙에도 이러한 생각이 담겨 있어야 한다. 더 중요한 것은 업무를 통해 이것이 실천돼야 한다는 것이다. 리더는 이러한 기본이 흔들리거나 깨지지 않도록 중심을 잡고 올바르게 조치해야 한다. 말을 함부로 하는 직원에 대한 가장 바람직한 모습은 회사 내 '상대를 인정하고 존중하는 문화가 정착'돼 있는 것이다. 최근 여러 회사에서 경어를 사용하고 있다. 당연한 것이지만 이 하나가 미치는 영향은 크다.

말을 함부로 하는 직원에 대해 조직장 입장에서 조치해야 할 사항은 다음과 같다. 첫째, 그 어떠한 경우에도 엄격해야 한다. 듣는 즉시 주의를 시키고, 반복되면 서면 경고하고, 개선되지 않으면 회사 징계위원회를 개최해 엄한 조치가 이루어져야 한다. 이러한 엄격한 조치가 없으면 본인이 무엇을 잘못했는지 모르는 경우가 많다. 더 무서운 것은 이런 일이 전염된다는 것이다. 말을 함부로 하는 직원에게 불이익을 주어 듣는 직원이 피해를 당하게 해선 안 된다.

둘째, 정기적으로 수시로 직원들에게 정도 경영을 강조하고 면담하여 사전에 예방해야 한다. 직원의 횡령, 뇌물, 성적 피해 등 부정한 행동으로 회사에 큰 피해가 생겼을 때 조직장이 알지 못했다는 말로 책임을 회피할 수 없다.

셋째, 고통받는 직원에 대해 배려하고 확실히 조치한다. 조직 내 일이지만 조직장이 모르는 경우가 있다. 주변에서 이야기하거나 당사자가 말을 할 때 조직장이 냉철한 판단을 해야 한다. 조직장은 조직과 구성원의 성장과 성과 창출에 매우 중요한 역할을 한다. 즉시 현실을 파악하고 과감한 조치를 해야 한다. 조직장의 임무는 A대리가 일에 대한 자부심과 열정을 잃지 않고 즐겁게 직장생활을 하도록 하는 것이다.

"현장의 이슈는 현장에서 완결하라."라는 말이 있다. 하지만 사실 조직장이 다 해결하는 것은 한계가 있다. 회사 차원의 노력도 중요하다.

첫째, 회사 차원에서 모든 임직원을 철저히 교육해야 한다. 신입사원 또는 경력사원 입문 교육 시 이러한 점을 강조하여 발생하지 않도록 내재화해야 한다.

둘째, 정도 경영을 추진하는 담당 조직이 있어야 한다. 조직의 규모가 크고 성숙한 대기업에 비해 중소기업은 취약할 수 있다. 담당 조직 또는 담당자가 있다면 회사 차원의 노력이 좀 더 구체화되고 실천될 수 있다.

셋째, 주기적으로 점검하고 피드백을 해야 한다. 일관성과 지속성이 중요하다. 한번 강조하고 시들해지거나 하는 시늉만 하면 '이 또한 지나간다'고 생각하고 심각하게 여기지 않는다. 주기적으로 점검하고 피드백하여 문제가 발생하지 않도록 예방하는 것이 중요하다.

팀 간 직원 간 불화를 어떻게 할 것인가

서로 다른 팀 잘못이라고 할 때 어떻게 할 것인가

식품회사 제품개발팀의 A과장은 제품개발에 대한 스트레스보다 품질관리팀의 엄격한 검사로 몹시 힘들다. 어렵게 아이디어를 구상하여 여러 번 실험을 거쳐 개발한 제품에 대해 자료 요구와 식약처의 기준 미달 가능성에 대한 조치 등 요구사항이 너무 많다. 오죽하면 제품 개발보다 품질관리팀의 벽을 넘는 것이 더 어렵다는 말이 나올 정도이다.

품질관리팀의 B과장 역시 제품개발팀으로 인해 스트레스를 받는다. 데이터가 있지도 않은 실험을 했다는 보고서를 주질 않나, 독성 실험도 하지 않고 제품 개발을 하겠다고 식약처에 제출하라고 하질 않나, 식약처 기준을 주며 반드시 포함하라고 했는데 누락

된 항목이 있질 않나 도무지 이해할 수가 없다. 믿고 일 처리를 해야 하는데 하나하나 점검해야 하니 실험 결과 자료조차 불신이 생긴다.

문제가 발생할 때마다 A과장과 B과장은 소리를 높인다. 일의 경계가 모호한 경우가 있다. 한쪽에서는 이 정도면 된다고 생각하지만 다른 쪽에서는 안 된다고 물러서지 않는 입장이라면 갈등이 생길 수밖에 없다. 한두 번이면 서로 참고 지나가는데 매번 그러다 보면 앙숙이 된다. 중간에서 팀장이 잘 조율하면 좋지만 대부분 담당자 선에서 조치하다 보니 해결되지 않고 갈등이 깊어져만 간다.

오늘도 품질관리팀의 B과장이 제품개발팀의 A과장을 찾아와 지금 만든 자료를 가지고 식약처에 신청하면 무조건 탈락이라며 최소한 기준을 맞춰야 하는 것 아니냐고 고함을 친다. A과장은 품질관리팀에서 제품 기획 설명 때 그 제품 개발은 이런 기준을 맞춰야 한다고 사전에 설명해야 했다. 그런데 그때는 아무 말 없다가 개발이 끝난 지금 발목만 잡으려고 한다며 품질관리 부서는 상전이 아니라 지원부서라고 맞고함을 친다. 애당초 문제가 발생하지 않도록 하거나 문제가 발생했을 때 머리를 맞대고 한시바삐 해결안을 찾아야 한다. 그런데 서로 남 탓을 하며 싸움을 이어간다. 어느 사이 제품개발팀과 품질관리팀은 서로 식사도 하지 않는다. 회사가 지방에 위치하여 대부분 미혼 직원들은 사택에 머문다. 사택은 2인 1실 원칙으로 운영되는데 품질관리팀과 제품개발팀원이 한 방을 사용하는 경우가 없다.

직원 간의 불화를 어떻게 해결할 것인가

직원 간 불화의 유형은 다양하다. 팀 간 불화, 팀 내 불화가 있을 수 있다. 일에 관한 갈등도 많지만 인간관계 갈등도 많다. 선후배 간 불화도 있지만 동료 간 불화도 있다. 성격의 차이일 수도 있고 사소한 다툼이 커져 앙숙이 되는 경우도 있다.

직장은 원인을 찾는 곳이 아니다. 불화의 원인이 무엇인지 아는 것이 필요하다. 하지만 그보다 중요한 것은 불화를 해결하고 성장하며 팀워크를 강화하여 성과를 창출하는 것이다. 빠르게 대책을 찾아 서로 노력하고 화합해야 한다. 글로벌 경쟁 시대, 단 하나의 실수나 잘못이 경쟁에서 패배하는 원인이 되기도 한다. 서로 협업하여 질의 수준을 올리고 시장과 고객으로부터 가치를 인정받아야 한다. 불화하는 직원들을 어떻게 해야 할 것인가?

첫째, 개개인의 불화가 조직 불화로 확산되지 않도록 조직장이 관심을 가지고 적극적으로 조치해야 한다. 당사자 간에 원만하게 해결하라는 것은 조직장이 취할 자세가 아니다. 팀 간 불화 또는 팀 내 불화에 대해서는 적극적이고 단호한 태도를 보여야 한다. 불화하는 직원들을 빠르게 면담하여 근본적인 해결책을 찾고 본인들의 일방적 주장을 듣되 무엇보다 서로 마음 상하는 일이 없도록 해결해야 한다.

둘째, 모든 일이 동일하겠지만 사전 조치가 매우 중요하다. 제품 개발부터 최종 제품 판매까지의 일련의 프로세스와 중점 체크 사항 등 관련 부서와 사전에 요청과 협조가 이루어져야 한다. 댐이

터진 후에 수습하는 것은 불가능하다. 제품을 다 생산한 후에 제품 하자가 발생하면 생산된 제품은 전부 폐기 처분된다. 회사에 엄청난 피해를 주기 전에 사전 협력을 통해 예방해야 한다.

셋째, 조직 내 역할과 책임R&R에 대한 점검, 회사 밸류체인에 대해 교육해야 한다. 조직 간 갈등과 불화가 일어나는 원인 중에 조직의 역할과 책임의 불명확함이 차지하는 비중이 크다. 역할과 책임이 명확하더라도 제품과 서비스 공정에 대한 이해 부족도 갈등과 불화를 일으키는 원인이다. 조직의 역할과 책임, 밸류체인 교육을 통해 상대의 입장을 명확하게 이해하고 있다면 이러한 불화의 상당수가 사라질 것이다.

넷째, 열린 조직문화를 구축해야 한다. 핵심가치와 소통 중심의 조직문화가 깊이 뿌리를 잡을 수 있도록 조직문화의 체질을 바꿔가야 한다. 회사의 조직문화가 신뢰를 기반으로 소통이 원활하면 이러한 불화를 찾아보기 어렵다.

조직 갈등을 어떻게 사전에 막을 것인가

왜 조직 갈등이 생기는가

팀제가 실시되었다. 과부제로 운영되던 조직이 어느 날 갑자기 팀제가 돼 과장 또는 부장이 전부 팀장이 됐다. 대팀제로 인해 부장이 팀장이 된 조직은 지금까지 관리자였던 과장이 사실상 팀원 과장으로 보직이 해임됐다. 직위 직책이 분리되고 직책 중심으로 인사가 운영되며 비직책자는 직무 담당자로 직무 중심의 책임을 맡게 됐다.

A부장은 3개 과를 담당하고 있었다. 팀제가 되면서 A부장은 팀장이 되고 3개 과는 모두 사라졌고 대신 30명의 팀원이 존재하게 됐다. 의사결정을 주로 하던 과장에게 직무가 부여됐다. 이들은 더 이상 인사결정권과 의사결정권이 없어졌다. A팀장은 직접 30명의

팀원이 매일 가져오는 온갖 과제들을 처리할 수밖에 없었다.

격무에 지친 A팀장은 개인적으로 팀을 기존처럼 세 파트로 운영하고 3명의 파트장을 임명했다. 회사 방침에는 어긋나지만 가장 효율적이고 효과적인 방법이라 생각했다. 3명 중 2명은 기존 과장이었기에 흔쾌히 팀장의 지시에 순응했다.

CEO가 갑작스럽게 지시를 내렸다. 통상 준비하던 것보다 2개월이나 앞당겨 내년도 사업계획을 보고하라는 것이었다. 특히 금년에는 팀 단위로 발표하는데 기간은 3주밖에 여유가 없다. A팀장은 3명의 파트장을 불러 모아 각 파트에서 3개년 방향과 과제를 정하고 로드맵을 작성하여 1주 후 회의를 하자고 했다. 3일이 지난 후 A팀장이 각 파트를 보니 너무나 평온하고 여유가 있어 보였다. 정시에 퇴근하고 긴장된 모습이 없었다. 실무 담당자에게 물어보니 내년도 사업계획을 작성해야 한다는 것 정도만 알고 있었다. 이 경우 당신이 A팀장이라면 세 명의 파트장에 대해 어떤 행동을 취하겠는가? 두 가지 행동을 취할 것으로 예상할 수 있다.

하나는 파트장들을 믿고 자율적으로 일할 수 있도록 존중하고 지원하는 것이다. 약속한 1주 후 회의 때까지 기다리며 애로사항이나 지원사항을 묻고 조치를 한다. 다른 하나는 실망하여 직접 처리하는 것이다. 팀의 성과에 대한 책임은 팀장에게 있다. 팀장으로서 주어진 과제를 완벽하게 수행하여 성과를 내야 한다. 3일이나 지났는데 의지와 열정이 엿보이지 않는다면 분명 파트장들이 게으르거나 둔감하거나 형편없는 수준이라고 생각한다. 대부분 자신은 부지런하고 열심이며 힘들어도 참고 이끌어가는 좋은 상사인데 아래 직원들이 자신을 가볍게 여기며 제멋대로 행동한다고 생각한다. 파트장들에게 요청한 것을 백지화하고 화를 내며 직접 지시하기 시작한다.

전자가 아니라 후자의 행동을 취하면 팀장과 파트장, 파트장과 팀원 간에 갈등이 시작된다. 파트장 입장에서는 믿지 못하는 상사와 따르지 않는 직원 사이에서 매우 힘들어하게 된다. 팀원들도 누구의 말을 따라야 할 것인지 당황스럽기는 마찬가지이다. 다른 팀에는 없고 회사가 만들지 말라고 한 세부 조직의 장인 파트장의 지시를 따르지 않는다. 갈등은 이렇게 시작된다.

왜 조직 갈등이 저성과로 이어지는가

조직과 구성원이 한 방향으로 정렬하지 못하고 제각각 다른 방향의 길을 걷는다면 그 조직과 구성원의 목표 달성은 요원하다. 구성원 간 갈등은 왜 낮은 성과를 낳는 것일까?

- 갈등이 몰입을 방해하기 때문이다. 집중해서 몰입할 때 더 크고 높은 수준으로 성과를 달성할 수 있다. 갈등은 몰입 자체를 방해한다.
- 참여하고 싶은 마음이 생기지 않게 하기 때문이다. 화를 나게 했거나 싫은 사람이 주관하는 모임, 회의, 프로젝트에 참석하

고 싶은 생각이 들겠는가? 어쩔 수 없이 참석하게 되었다면 관계 개선이 되지 않은 상황에서는 자신의 일만 할 뿐 협업의 시너지가 일어나기는 쉽지 않다.

- 갈등은 새로운 갈등을 초래하고 문제를 발생시키기 때문이다. 관계 갈등은 그 갈등이 하나의 불씨가 돼 또 다른 갈등을 초래한다. 오해가 오해를 낳고 더 큰 오해로 불타는 것과 같다.

- 사기와 동기를 저하시키기 때문이다. 불편한 상태에서는 열정이 생길 수 없다. 사기와 동기가 떨어진 선수에게 더 열심히 뛰고 득점을 하라고 강요한다고 득점을 할 수 있겠는가?

- 팀워크를 약화시키기 때문이다. 관계 갈등은 보이지 않는 진영을 만들고 진영을 중심으로 갈라지게 만든다. 하나의 팀이라는 정신은 사라지고 진영의 틀 안에 갇혀 분열되게 만드는 요인이 된다.

- 험담과 나쁜 행동으로 스트레스를 유발하기 때문이다. 갈등 관계에서 침묵을 지키며 상대에 관한 이야기 자체를 삼가야 하는데 비난과 험담으로 더 큰 갈등과 스트레스를 유발한다.

- 신뢰를 깨뜨리고 협업을 불가능하게 만들기 때문이다. 사람이 미우면 그 사람이 무슨 행동을 해도 밉게 보인다. 신뢰하지 못하는 상황에서 협업하기는 어렵다.

- 소통의 단절을 가져오기 때문이다. 관계 갈등의 초반에는 서로 불편하므로 해결하려는 노력을 한다. 하지만 이 과정에서 갈등이 더 심화되면 대화 자체를 거부하게 된다.

관계를 개선하고 성과를 내야 한다

인간관계의 갈등을 해결할 수 있는 많은 방법이 있다. 가장 강조하고 싶은 것은 바로 '사람에 대한 관심과 그 사람의 성장을 바라는 진정성'이다. 신뢰는 상대에 대한 관심과 그 사람을 위한다는 진정성이 전달돼야 쌓인다. 안으로 간직하지 말고 표현해야 한다. 솔직하게 자신의 생각을 말하고 적극적으로 상대의 입장에서 배려하는 마음을 전해야 한다.

필자는 저서 『인간관계가 답이다』를 통해 직장인에게 다섯 가지를 강조했다. 첫째 소중한 사람을 간직만 하지 말라. 항상 표현하라. 둘째, 내 마음에 간직된 소중한 사람이 중요하다. 더 중요한 것은 그 사람의 마음속에 내가 간직돼야 한다. 셋째, 열 명의 우군을 얻는 것이 중요하다. 더 중요한 것은 한 명의 적을 만들지 말아야 한다. 넷째, 주고 받기Give & Take가 중요하다. 더 중요한 것은 주기, 주기, 주기Give & Give & Give이다. 다섯째, 부정적인 말, 뒷담화, 비교 갈등, 험한 말 등 말로 상처를 주지 않도록 하라.

관계를 개선하는 가장 좋은 방법은 상대의 입장을 생각하며 솔직하게 이야기를 나누는 것이다. 조직과 구성원이 한마음 한뜻이 되면 성과는 저절로 오르게 된다.

목표 달성을 못하는 직원을
어떻게 할 것인가

왜 바쁘게 일하는데 성과가 안 나오는가

입사 5년 차인 A대리를 보면 정신이 없다. 이리저리 뛰어다니며 무엇을 찾는지 이곳저곳을 다 뒤진다. 책상에는 책들과 온갖 서류가 가득하고 서랍 속에는 뭔지 모를 물건으로 가득 차 있다. 어떻게 이런 상황에서 원하는 자료와 물건을 찾는지 신기할 정도이다. 종일 바쁜 A대리는 항상 야근한다. 매일 가장 먼저 출근하고 가장 늦게 퇴근한다. 많은 사람이 A대리에게 기대했으나 지금은 다들 그러려니 한다. 결과가 없기 때문이다.

일했으면 그 일에 대한 결과물이 있어야 한다. 일이란 새로운 가치나 성과를 창출하는 과정이다. 영업사원이 점심도 먹지 못하고 고객 20여 명을 만나고 거래처 5곳을 방문했다 해도 성과가 없다면 열심히는 했지만 일을 잘했다고 할 수는 없다. 주방장이 음식에 넣을 무가 필요하다면 무를 가져와서 씻고 써는 행위를 하는 것에서 그쳐서는 안 된다. 무를 음식에 넣는 행위가 일이다. 일하면서 성과를 낸다는 것은 부수적인 활동에 열심인 것이 아니라 본질적 활동에 집중해 실행하는 것이다.

항상 바쁜 A대리와 같은 직원들의 특징은 다음과 같다.

- 일의 우선순위를 정해 한 가지 일을 완벽하게 끝낸 후 다음 일을 시작하지 않고 이 일 저 일을 동시에 진행한다.
- 주변 정리정돈이 되지 않아 원하는 것을 찾는 데 어려움이 많다.
- 자신의 일도 제대로 하지 못하면서 타인의 요청을 거절하지 못한다.
- 일의 프로세스를 명확하게 알지 못한다.
- 근본 원인을 찾아 해결하는 것이 아니라 주변 요인에 대한 조치가 많다.
- 상사나 전문가의 조언이나 도움을 끌어내지 못한다.
- 자신의 일은 자신이 끝내야 한다는 생각이 강하다.
- 중간보고를 하지 않고 일이 다 끝난 후 보고한다.
- 주변 변화에 대해 둔감하다.
- 상사의 업무 스타일 또는 일에 대해 원하는 바를 모른다.

중요한 일을 여유 있게 하는 방법을 알려줘야 한다

인정과 칭찬을 받는 직원은 항상 최고 의사결정자를 감동시킨다. 주어진 일을 신속하게 처리하는 것은 기본이고 선제적 조치를 통해 효과를 극대화하거나 문제를 사전에 예방한다. 본인이 주도적이고 자발적으로 과제를 개발해 추진한다. 일을 하면 반드시 성과가 나와야 한다는 것을 알고 기획 단계부터 생각한다. 초기 단계부터 추진 계획서뿐만 아니라 일의 진행 상태를 수시로 상사에게 보고하여 상사가 일에 대해 명확히 알게 한다. 다른 팀원이나 전문가의 지원과 도움을 요청하여 업무 부담을 줄일 줄 안다. 항상 마감을 생각하여 마감 이전에 일을 마무리한다. 최종 보고서는 간단명료하고 결론이 명확하다.

매일 바쁘다고 하는 직원이 성과를 내게 하기 위해서는 일하는 방식을 제대로 알려줘야 한다. 우선순위, 제품이나 서비스의 밸류체인, 전략과 상사의 업무 스타일, 일 잘하는 직원들의 특징을 습득해 효율적이고 효과적으로 일을 마무리하고 성과를 창출하도록 점검하고 지도해야 한다. A대리에게 알려줄 가장 시급한 일은 '중요한 일을 여유 있게 하는 방법'이다. 우선순위를 정하고 하나의 일을 한번에 마무리하도록 하고 수시로 보고하도록 하는 것이다.

일을 하는 것도 하나의 습관이다. 바쁘다는 말을 입에 달고 다니는 것도 습관이며, 일을 효율적으로 처리하는 것도 습관이다. 직원에게 일하는 올바른 습관이 자리잡도록 이끌고 일을 했으면 성과를 내는 방법을 지도해야 한다.

퇴직한다면서 하지 않는 직원을
어떻게 할 것인가

퇴직을 입에 달고 사는 직원은 질책해야 한다

회사에 두 명의 양치기 소년이 있었다. 한 명은 귀여운 양치기 소년으로 매주 복권을 산다. "이 복권이 1등 당첨되면 당장 퇴직이다."라고 떠들고 다닌다. 정말 복권에 당첨되면 퇴직할 거냐고 물으면 '당첨되면'이란 단서가 붙는다. 농담이라도 그런 말 하지 말라고 해도 이 직원은 복권을 사고 항상 퇴직한다고 말한다.

다른 한 명은 "죽겠다." "퇴직하겠다."가 입에 붙어 있다. 힘든 일을 하면 죽겠다고 한다. 다들 힘드니까 그런 부정적 언어를 사용하지 말라고 해도 "죽겠다."를 외친다. 새로운 일을 부과해도 죽겠다, 지방으로 2박 3일 출장을 가도 죽겠다, 야근하면서도 죽겠다고 외친다. 정도가 심해지면 퇴직하겠다고 한다. 자신이 갈 곳이 이곳밖에 없겠느냐며 퇴직하겠다고 말한다. 정작 갈 곳도 마련하지 않고 노력도 하지 않으면서 조금만 힘들거나 짜증 나는 일이 있으면 "죽겠다." "퇴직하겠다."를 습관적으로 말하니까 주변에서는 그런 사람으로 낙인이 찍혔다. 누구나 이 두 명이 퇴직하지 않으리라는 것을 알지만 본인의 입으로 퇴직하겠다고 하는 만큼 이 직원들을 신뢰하지 않는다. 그리고 이들이 작업한 내용에 대해서도 한 번 더 점검하게 된다.

퇴직하겠다고 하면서 정작 하지 않는 직원을 "또 농담하네."라는 식으로 넘겨서는 안 된다. 조직 분위기와 직원 사기에 보이지 않는 영향을 주게 된다. 자주 듣는 말과 하는 행동은 은연중 습관이 된다. 본인의 가치를 떨어트리는 요인으로 작용해 신뢰할 수 없게 된다. 이런 말을 하는 직원에게는 강하게 질책하고 하지 못하게 해야 한다. 여러 번 질책해도 계속 퇴직하겠다는 직원이 있으면 퇴직원을 주며 지금 당장 퇴직하라고 해도 좋다. 이런 말을 하지 못하게 하는 것이 옳다면 행동으로 보여줘야 한다. 물론 퇴직한다고 했다가 안 한다고 해서 퇴직 사유가 되지는 않는다. 다시는 그런 말을 하지 않도록 주의를 시킬 목적에서 취하는 조치이다.

직장에 다니는 동안 절대 하면 안 되는 말이 있다

임원과 팀장을 대상으로 '리더의 역할과 조직 장악하기' 강의를 하면서 직장 내에서 리더가 절대 해서는 안 되는 말의 유형 다섯 가지를 강조한다.

첫째, "안 합니다" "못 합니다" "퇴직하겠습니다"라는 말이다. CEO나 상사가 하기 어렵고 실패 가능성이 80% 이상인 일을 지시할 때 이런 말을 하면 안 된다. 특히 퇴직하겠다고 하면 본인의 자발적 퇴직이 된다. 팀장이 그 말을 녹음해 "당신이 퇴직한다고 해서 대신할 후임자를 선발했습니다. 그런데 이제 와 퇴직하지 않는다고 하면 곤란합니다."라고 말하면 어떻게 하겠는가? 이보다는 여러 합리적 제안을 하며 재고해달라는 요청을 하는 것이 바람직하다.

둘째, 비교하고 갈등을 일으키는 말이다. 눈앞에 있는 사람 이야기만 해야 한다. 자리에 없는 사람의 잘한 점이나 부족한 점을 말하면 난처한 일이 일어날 수 있다. 팀장이 아무리 팀원과 가까워도 팀원과 팀원 간 가까운 관계를 뛰어넘을 수 없다.

셋째, 뒷담화이다. 리더는 뒷담화를 전달하거나 만들기보다는 주변의 뒷담화를 듣게 되는 경우가 많다. 뒷담화가 만들어지고 전파되며 누군가 피해를 보는 일이 없도록 해야 한다.

넷째, 베푸는 말이 아닌 받으려고 하는 말이다. 리더의 자리에 오르기까지 많은 사람의 희생과 지원이 있었을 것이다. 리더의 자리에서 받으려 하지 말고 주려는 노력과 희생을 해야만 한다.

다섯째, 말에 의한 성처이다. 외모와 성격, 가족, 학력, 배경에 대해 헐뜯고 비난하며 부정적으로 말해 상대에게 상처가 되도록 해서는 안 된다.

함께 가기를 거부하는 직원을
어떻게 할 것인가

회사의 경쟁력은 사람에게서 나온다

회사가 진정 추구하는 목표는 지속성장이다. 그러려면 차별화된 경쟁력이 있어야 한다. 그 경쟁력은 사람에게서 나온다. 결국 사람이 가장 중요한 경영 자원이라 할 수 있다. 오죽하면 사람이 경쟁력이며 사람이 답이라고 하겠는가? 사람이 경쟁력이 되기 위해서는 "왜 존재하는가?" "무엇이 될 것인가?" "어떻게 일할 것인가?"라는 3가지 질문에 임직원이 모두 동일한 대답을 할 수 있어야 한다.

그런데 조직 구성원 중에 함께 가기를 거부하며 자신의 편안함과 이기만을 추구하는 사람이 있다. 다음과 같은 사람들이다.

• 모두가 벅찬 업무로 힘들어할 때 돕기는 고사하고 자신의 몫

도 하지 못해 민폐를 끼치는 사람

- 자신이 무엇을 어떻게 해야 하는지를 잘 알고 있지만 왜 이 일을 해야 하는지를 모르고 실제로 하지 않는 사람
- 동료들이 자신을 멀리한다는 것을 알아도 그것은 그들 탓이고 자신만 편하면 된다고 생각하는 사람
- 자신에게 조금이라도 피해가 생기면 모든 수단을 동원해 투서하고 비난하며 언성을 높여 싸워서라도 손해 보지 않으려는 사람

한 명의 문제 직원이 팀 전체에 해악을 끼친다

지방에 있는 A제조회사의 홍 과장은 수년 전부터 근무 중 음주, 잦은 자리 비움, 불성실한 근무, 고객과 잦은 다툼, 예의 없고 불만 가득한 언행, 신입사원에게 자신의 일을 맡기는 등 직장인으로서 적절치 않은 행동을 하는 고참 과장이다. 홍 과장의 팀장은 홍 과장보다 5세 연하이며 동문이면서 고향 후배이다. 공장장들은 홍 과장의 문제를 적극적으로 해결하기보다는 묻어두는 쪽을 택했다. 홍 과장이 더욱 기고만장한 언행을 하는 원인이 되었다.

팀장은 홍 과장에게 부탁도 하고 개선해보려는 노력도 했지만 전혀 바뀌지 않아 문제가 많이 발생했다. 몇 건에 관해 징계위원회가 열렸고 위원회 의결로 감봉 6개월의 징계가 내려졌다. 하지만 홍 과장은 전혀 반성하지 않고 정부기관과 본사 경영층에 투서해서 많은 사람이 스트레스를 받았다. 새로 부임한 공장장도 조직의

개선이나 변혁보다는 임기 내에 잡음이 없기를 바라며 홍 과장이 원하는 부서와 직무에 배정했다. 홍 과장이 배치된 부서는 대리 이하의 직원이 많았다. 홍 과장은 팀의 최고참이면서도 일을 거의 하지 않아 신입사원 두 명이 퇴직하는 직접적인 원인이 되었다. 팀장이 홍 과장에게 팀의 현황과 직급이 낮은 팀원들의 고충을 이야기하며 대리 수준의 업무를 부여했다. 그랬더니 공장장에게 면담을 요청해 팀장이 무리하게 자신에게 업무를 부여하고 팀원 관리를 잘못한 책임을 자신에게 미룬다고 말했다. 공장장은 팀장을 불러 "왜 홍 과장을 잘 관리하지 못하고 또 시끄럽게 합니까?"라며 질책했다. 팀장은 "홍 과장이 계속 이런 행동을 보인다면 앞으로 일은 누가 하겠습니까? 팀원들도 일할 명분이 없습니다. 팀원들의 불만이 극에 찬 상태여서 대책을 준비해야 할 것 같습니다."라고 말했다. 하지만 공장장은 별다른 개선책 없이 출장을 가버렸다. 홍 과장은 공장장에게 말했다며 부과된 업무를 하지 않고 있다. 여러분이 조직장이라면 홍 과장을 어떻게 하겠는가?

가장 좋은 방법은 홍 과장이 뉘우치고 성실한 사람이 되는 것이다. 하지만 그런 일은 기대하기 어렵다. 사람의 생각과 습관은 그렇게 쉽게 바뀌지 않는다. 공장장처럼 자신의 임기 동안에 문제만 일어나지 않으면 된다는 식으로 눈감으면 홍 과장은 물론이고 다른 직원들의 인생까지 망칠 수 있다. 전염되기 때문이다. 우수한 직원들도 한 명 두 명 회사를 떠나게 된다. 조직장은 사람 좋고 인기 많은 사람이 아니다. 비난을 감수하고서라도 적극적으로 홍 과장을 조치해야 한다. 조직장은 조직과 구성원의 가치를 높이고 성과를 창출해야 하는 사람이기 때문이다. 냉정해져야 한다. 함께 가기를 거부하는 사람까지 이끌고 가기에는 넘어야 할 산이 험하고 해야 할 일이 너무나 많다.

공사 구분하지 못하는 직원을
어떻게 할 것인가

평생직장에서 스쳐 지나가는 직장이 됐다

1980년대 많은 기업의 핵심가치 중 하나가 '주인의식'이었다. 평생직장의 시대였던 만큼 회사생활의 마음가짐과 자세를 주인처럼 생각하고 처신해야 한다고 강조했다. 당시에 주인의식은 당연하다고 생각했다. 회사의 발전이 곧 자신의 성장이며 발전이었기 때문이다. 1997년 IMF 구제금융 사태를 겪으면서 많은 직원이 회사에서 강제 퇴직을 당했다. 평생직장이라는 의미가 깨졌다. 회사는 생존하기 위해 조직을 통폐합하거나 경쟁력 없는 조직을 없앴다. 많은 직원을 구조조정하며 역량과 성과가 없는 직원은 언제든지 해고하는 문화가 정착됐다. 최근에는 기업도 직원도 주인의식을 강조하고 있지 않다.

젊은 직원들은 일을 통한 성장과 성과를 추구하면서 동시에 공정한 보상, 자유로운 소통, 리더의 합리적 지시를 갈망한다. 삶을 살아가는 데 물질적 가치와 성장과 워라밸을 동시에 추구한다. 자신의 생각과 다르거나 보상에 차이가 있으면 자신의 시장가치를 높이기 위해 과감하게 회사를 떠난다. 5년간 한 회사에 있으면 매너리즘에 빠지고 더 이상 경쟁력을 가질 수 없어서 떠나야 한다고 말한다. 오죽하면 '대퇴직 시대'라고 한다.

회사는 직원들이 주인의식을 가지고 주도적으로 또 자율적으로 일을 해 성과를 창출하기를 원한다. 하지만 직원들은 회사가 주인의식을 강조하면 반항을 하게 된다. 언제 주인처럼 대해 준 적이 있는가? 주인처럼 자신이 하고 싶은 일을 하거나 하기 싫으면 하지 않을 수 있는가? 자신이 낸 성과만큼 보상을 가져갈 수 있는가? 주어진 틀에서 부과된 일을 해야만 하는데 무슨 주인이냐고 반문한다.

대부분 직장인은 현재 근무하는 곳은 자신의 인생에 스쳐 지나가는 곳으로 생각한다. 이곳이 나의 전부라는 생각은 적다. 굳이 내가 힘들게 아끼며 일하고 싶어하지 않는다. 물론 당연히 회사가 일의 성과를 내기 위한 직무 환경과 사무용품은 불편함이 없도록 지원해야 한다고 생각한다. 회사 일을 하면서 자신의 물건을 가져와 사용하는 것은 말도 되지 않는다고 생각한다. 많은 회사가 공용 사무용품함이 있지만 사용하고 갖다 놓는 사람은 그리 많지 않다. 대부분 개인용품처럼 사용한다. 공용이라는 것보다는 내 것이라는 생각이 강하다. 상황이 이렇다 보니 100명의 직원이 있다면 100개가 넘는 개인 사무용품이 있다.

직원의 신뢰는 좋은 처우에서 나온다

A기업에서 강의할 때 CEO가 주인의식과 애사심에 대해 강조해 달라고 요청했다. 자동차 부품을 생산하는 회사인데 직원들이 생산 부품을 가져간다고 했다. 놀란 필자가 이러한 행위에 대해서는 엄벌을 해야 한다고 말하니까 CEO는 회사가 보상과 복리후생 등 처우를 잘해주면 직원들이 그렇게 하겠냐며 해줄 수 없는 자신 탓이라고 했다.

사실 임직원의 부정행위는 그 회사의 CEO와 경영층의 태도에서 비롯되는 경우가 많다. 말로만 직원 행복이라고 하며 실제로는 엘리베이터, 식당, 화장실, 사무실, 기사 딸린 차량 등을 별도로 사용하고 직원의 불편함은 고려하지 않고 자신의 편안함만을 추구한다면 회사와 경영층을 신뢰하고 따르는 직원은 그리 많지 않을 것이다.

B기업은 3식을 전부 무료로 제공한다. 이 기업은 1주일 전 식사 여부를 임직원들이 전부 등록한다. 잔반을 남기지 않기로 유명한데 식사 메뉴 중 생선이 없다. 생선은 뼈 때문에 어쩔 수 없이 잔반이 남기 때문이다. 사무실과 화장실에는 미화 도우미가 없다. 자신이 사용하는 건물과 시설은 자신이 정리하고 청소하는 것이 당연

하기 때문이다. 이 회사의 문화는 후 공정으로 뒷사람에 대한 배려이다. 길이나 복도 등에 휴지 등 쓰레기가 있으면 먼저 본 사람이 치운다. 공용 사무용품함이 있어 필요한 사람은 사용하고 쓴 후에는 반납한다.

회사 물품을 자기 마음대로 사용하는 직원이 있다면 이는 전적으로 직원과 조직장의 문제이다. 이런 행동은 잘못이고 절대 해서는 안 된다는 공감대가 문화로 정착돼 있어야 한다. 처음 이런 행동을 하는 직원이 있다면 그 즉시 질책해서 다시는 하지 못하게 해야 한다. 전체가 이끌어가는 좋은 문화가 한두 사람의 일탈로 무너져버리면 얼마나 슬픈 일인가?

조직 내 갈등을 조장하는 직원을 어떻게 할 것인가

끼리끼리 문화가 조직의 갈등을 만든다

공기업인 A기업은 3년마다 CEO가 바뀐다. 대부분 외부에서 다양한 경력을 가진 사람들이 정치적 영향력으로 임명된다. 임기 중정권이나 장이 바뀌면 잔여 임기에 무관하게 자리에서 물러나는경우도 많다. 간혹 내부에서 CEO로 선임되는 경우도 있지만 대부분 내정돼 있다. A기업 사람들은 스스로 '주인 없는 회사'라고 칭한다. CEO가 3년마다 바뀌다 보니 그렇게 생각할 수도 있지만 관리자와 경영자가 모범을 보이지 못하거나 같은 생각을 하고 있기 때문이다.

이 기업의 특징 중 하나가 끼리끼리 문화가 팽배해 있다는 점이다. 새로운 CEO는 이전 CEO의 치적보다는 잘못된 점을 부각한다.

자신이 펼쳐야 할 방향과 전략을 돋보이기 위해서는 전임자의 잘못을 밟고 올라서야 한다고 생각한다. 그들은 전임자의 치적뿐만 아니라 전임자의 사람들도 좋아하지 않는다. 전임자와 함께한 본부장들을 해고하거나 한직으로 배정했다. 3년이 지나 또 다른 CEO가 올 때 한직으로 배정된 사람들은 다시 중앙으로 진출하고 기존 중앙에 있던 사람들은 한직으로 밀려난다. 이런 일이 매번 반복된다면 주어진 위치에서 성과를 창출하기 위해 혼신의 힘을 다하겠는가? 회사는 점차 경쟁력을 잃어가고 끼리끼리 영향으로 조직의 갈등이 증폭된다. 끼리끼리 신뢰와 화합을 다질 뿐 전사적 차원에서 한마음으로 정렬되기 쉽지 않다.

전략팀의 B팀장은 처세가 뛰어나다. 사외이사가 신임 CEO를 추천하는 점을 이용해 사외이사 한 명 한 명과 좋은 관계를 맺으려고 노력했다. 그리고 중요 부서의 부장급을 규합해 이번에 CEO가 바뀌면 자신이 임원이 돼 당신들을 각 본부의 팀장으로 임명할 테니 회사의 변화를 이끌어가자고 설득했다. 팀장이 된다는 생각에 부장들은 B팀장을 도왔고 결국 B팀장은 전략실장이 되었다. 전략실장이 되고 약속대로 중요 부서의 부장들을 팀장으로 임명했고 기존 팀장들은 보직 해임하여 타 부서에 배정했다. 1년여 기간 동안 B전략실장과 각 본부 팀장이 회사의 모든 의사결정을 내렸다.

한편 갑자기 팀장에서 보직 해임된 이들도 규합했다. 그들은 관리자 노조를 결성해서 회사 내 과장 이상의 중간 관리자를 대상으로 세를 모아갔다. B전략실장은 전 팀장들에게 한 방향 정렬과 조직의 일체감을 강조했지만 귀를 기울이지 않았다. 새로 임명된 CEO가 실적 부진을 책임지고 회사를 떠나자 임직원들은 B전략실장의 폐단을 지적하며 책임지라는 목소리를 높였다. 사외이사들은 사장추천위원회를 만들어 신임 사장 영입을 준비하고 있다.

편을 가르지 말고 하나로 힘을 합쳐야 한다

불확실하고 치열한 글로벌 경쟁에서 이기기 위해서는 한마음이 돼 한 방향으로 가도 힘들다. 회사가 두세 개 진영으로 나뉘어 서로 자신들이 더 많은 영향력을 행사하려고 혈안이 돼 있으면 어떻게 되겠는가? 혼자보다는 다수가 영향력이 있음을 알지만 전사적 관점이 아니라 개인의 관점에서 조직을 만들고 세를 불려선 안 된다. 개인 이익 중심으로 모인 조직은 회사의 암적 존재가 된다. 암은 초기에 치료해야 한다. 온몸에 퍼진 다음에는 치료도 어렵고 완치를 해도 후유증이 크다.

가장 쉽게 만들어지는 사적 모임으로는 학연과 지연이 있다. 중소기업은 혈연이지만 대기업은 단연코 학연과 지연이다. 회사에 특정 대학의 특정 학과가 임원과 팀장의 80% 이상을 차지하고 있다면 다른 학교 또는 다른 학과의 임직원은 회사에서 한계를 느낄 수밖에 없다. 사투리가 구수한 특정 지역의 사람들만 가득하다면 타 지역 직원들의 소외감은 이루 말할 수 없을 것이다.

회사 내 분란과 갈등을 일으키는 끼리끼리 문화를 조성하는 임직원은 초기 단계부터 확장하지 못하도록 엄하게 관리해야 한다. 가장 큰 문제는 CEO이다. 본인은 전혀 의도하지 않았겠지만 특별히 더 부르고 잘해주는 몇몇 사람이 있다면 얼마 가지 않아 회사 내에 저항 세력이 생기게 된다. 공식 조직을 통한 의사결정, 모든 임직원의 가치를 인정하고 존중하는 문화를 만들어가는 것이 중요하다. 한 방향 정렬은 어려운 것이 아니다. 임직원들이 회사가 가야 할 방향과 목표를 알고, 자신이 해야 할 역할과 일을 묵묵히 수행하되, 회사 내 자신이 어떤 말을 해도 불이익을 당하지 않는다는 심리적 안정감이 있으면 된다.

규칙을 지키지 않는 직원을
어떻게 할 것인가

조직장부터 규칙을 지켜야 기강이 잡힌다

만약 조직 내 규정이나 규칙을 가장 지키지 않는 사람이 경영자 또는 관리자라면 어떻게 될까? 그 회사는 오래가지 못한다. 직원들이 보고 배우는 것은 조직장의 말과 행동이기 때문이다. 조직장이 자신은 지키지 않으면서 직원들에게 인사를 강조하거나 도전적 목표를 설정하고 하라고 하면 '이 또한 지나간다'는 생각으로 대충 시늉만 한다. 따라서 회사 내 기강이 서려면 먼저 조직장부터 솔선수범을 보여야 한다.

규칙을 지키는 사람이 바보가 돼서는 안 된다

군에 있을 때이다. 당시 구타와 모기 회식과 같은 한밤중 기합이 심했다. 소대장이 돼 근무하면서 이제 우리 소대에서 구타와 점호 후 기합은 없다고 선언했다. 구타야 함께 냇가에 가서 목욕하면 누가 맞았는지 금방 알 수 있지만 한밤중의 기합은 누가 말을 하지 않으면 알 수 없었다. 한 달 넘게 내무반에서 소대원과 함께 취침했다. 한번은 고참 두 명이 소대장이 자는 것을 확인하고 소대원을 전부 불러내 기합을 주었다. 소대장이 잠에서 깨어나 기합을 주고 있는 광경을 보고 두 명의 말년 병장을 완전 군장으로 12시간 넘게 연병장을 뛰게 했다. 이 일이 있고부터 소대는 물론 대대에서 고참에 의한 기합이 사라졌다. 악습이나 비효율적인 관행을 알고 있다면 누군가 용기를 내어 끊어야 한다.

기업도 마찬가지이다. 이 어려운 경영 환경에서 회사가 지속성장하기 위해서는 지금까지 해왔던 방식을 고집한다면 글로벌 기업과의 경쟁에서 이기기 힘들다. 성과를 높이기 위해 프레임을 바꿔야한다. 업의 본질을 알고 업을 재정의할 수 있어야 한다. 프로세스만 개선하는 게 아니라 새로운 가치를 찾아 혁신을 해야 한다. 타이밍을 맞추는 정도로는 안 되고 앞서야 하며 위기관리 역량을 키워 다양한 시나리오를 통해 리스크를 예방해야 한다. 구성원과 열린 소통을 하며 하나가 돼도 부족하다. 하물며 악습과 비효율적인 관행을 모른 체하면 그 회사의 미래는 불 보듯 뻔하다.

모든 사람을 끌어안고 갈 수 없는 상황이다. 회사와 조직이 원하는 가치관과 부합하지 않거나 함께하기로 정한 규정이나 규칙을 지키지 않는 직원이 있다면 조직장은 과감하게 결단을 해야 한다. 차 한 대가 고속도로에서 역주행한다면 어떤 결과를 초래하겠는 가? 룰을 지키지 않는 한두 사람을 방치하다 보면 지키는 사람들이 바보가 될 가능성이 생긴다.

조직장은 안 좋은 생각과 행동이 조직과 나아가 회사 전체로 전염되는 것을 심각하게 우려해야 한다. 룰이나 원칙을 정했으면 임직원 모두가 무슨 일이 있더라도 지켜야 한다는 생각을 하고 지속적으로 일관되게 실천해야 한다. 강한 회사는 뭔가 특별히 다른 회사가 아니다. 모든 구성원이 현장에서 기본을 지키고 서로 성장하도록 이끄는 회사가 강한 회사이다.

매일 회의에 늦는 직원을
어떻게 할 것인가

한 명의 늦는 습관을 방치하면 모두에게 전염된다

10시 회의 시간이다. 김 팀장은 회의실에 5분 전에 도착하여 팀원들을 기다린다. 이 부장이 들어오고 김 차장이 자리에 앉는다. 10시가 되니 과장 3명이 동시에 들어왔고 1분 후 신입사원이 고개를 숙이며 자리에 앉는다. 팀원 10명 중 4명이 아직 오지 않았다. 먼저 온 이 부장은 스마트폰을 보고 있고 김 차장과 과장들은 잡담 중이다. 신입사원은 음료를 가져 오겠다고 다시 나가고 7분이 지난 후 3명이 죄송하다며 자리에 앉는다. 10분이 지나자 어김없이 김 대리가 나타난다. 그때까지 회의 주제가 무엇이고 왜 팀장이 회의를 소집했는지 물어보는 사람이 없다. 신입사원이 음료를 하나씩 자리에 놓고 자리에 앉자 그제야 팀원들은 팀장을 바라본다. 김 팀장 역시 아무 일 없었던 것처럼 왜 모이라고 했는지 이야기를 시작한다.

한 부서의 모습이 아니고 모든 부서가 다 그렇다면 그 회사는 어떻게 될까? 급변하는 환경에 살아남기 위해 밤낮없이 바쁘게 생활하는 IT 산업계 회사라면 망했을 것이다. 하지만 이런 산업의 회사 회의 문화는 철저하고 전원이 한가롭게 회의할 여유도 없다. 전통 제조 기반의 안정적인 산업 구조를 가진 회사의 전형적인 모습이다. 자신의 행동이 타인과 조직에 어떤 영향을 미치는지 인지하지 못하는 경우가 많다. 중요하지도 않은 일에 10분쯤이야 하는 안일한 마음도 있고 사소한 일에 하나하나 꾸중하면 쫀쫀한 사람으로 비칠까 꺼리는 마음도 있을 것이다.

그렇다고 해서 그런 문화를 방치하게 되면 어떻게 될까? 만약 김 대리의 태도가 팀원 모두에게 전염돼 모두 10분 이상 늦고 정시에 온 사람이 바쁜 일 없는 한가한 직원으로 인식되면 어떻게 될까? 팀 전체가 이런 행동을 하는데 이것이 팀 내 문화로 그치지 않고 다른 팀에도 영향을 주면 어떻게 될까? 나아가 고객과의 약속이나 중요한 외부 프로젝트를 수행하는데 이런 모습을 보이면 어떻게 될까? 회사 조직문화가 이렇다면 더욱 심각한 문제이다.

사소한 일을 방치하면 무사안일에 빠진다

어쩌다가 딱 한 번 늦을 때가 있다. 이런 경우까지 조직장이 엄하게 질책해서 팀원 모두가 시간관리에 강박관념이 생겨 늦지 않으려고 화장실도 못 가고 회의 시간에는 외출이나 고객과의 약속도 미룬다면 이 또한 잘못되었다. 조직장이 살피고 고쳐줘야 할 사람은 다음과 같은 행동을 반복하는 구성원이다.

- 자주 5~10분 정도 늦는 사람
- 반복적으로 자리를 이탈하는 사람
- 문서에 오탈자가 계속 발견되는 사람
- 마감 일자를 자주 맞추지 못하는 사람
- 업무를 믿고 맡길 수 없어 자주 점검해야 하는 사람
- 스마트폰을 달고 다니는 사람
- 한 시간 간격으로 담배를 피우러 가는 사람
- 업무 시간 중 잡담이 많은 사람 등

직원들의 사소한 행동을 방치하다 보면 팀 전체가 무사안일에 빠질 수 있다. 그런데 이런 행동을 시정하도록 하겠다며 게시판이나 메일을 통해 공지하는 조직장이 있다. 공지는 무엇이 문제라는 것을 알려줄 뿐 이 문제에 대한 구체적인 해결 방안을 제시하거나 구성원을 변하게 하지 못한다.

조직장이 해야 할 첫 번째 일은 직원들에게 특정 행동이 초래할 결과의 부정적 측면과 그것이 개인의 경력과 삶에 미칠 영향을 구체적으로 설명하는 것이다. 예를 들어 수요일 마감인 프로젝트가 있는데 담당자가 월요일에서야 이 프로젝트의 마감일을 지키기가

어렵다는 것을 알았다. 담당자는 이 사실을 조직장에게 숨기기에 급급하여 문제를 더 심각하게 만들었다.

이런 경우 조직장은 팀원들에게 이런 행동이 조직과 팀에 얼마나 피해를 주었는지, 어떻게 관계를 악화시키고 신뢰를 잃게 했는지, 실수한 당사자가 얼마나 고통을 받았으며 자신이 바라는 바람직한 모습과는 전혀 다른 모습을 보여 실망했는지 등에 대해 구체적으로 피드백을 해야 한다. 그렇게 조직장이 팀원들에게 문제가 무엇인지 직접 짚어주면 팀원들은 개방적이게 돼 보다 올바른 방향과 방법으로 일을 추진해갈 수 있게 된다. 조직장은 팀원들의 강점과 약점을 분명히 파악하고 있어야 한다. 사소한 실수를 반복하는 팀원이 있다면 따로 불러 약점을 구체적으로 제시하여 인정하도록 해야 다시는 그 실수가 반복되지 않도록 주의할 수 있다.

실수를 즐기는 직원은 없다. 좋은 의도로 행동하며 남에게 피해를 주지 않도록 최선을 다하지만 사람은 완벽하지 않기 때문에 때로는 실수하게 된다. 이러한 실수를 반복하지 않도록 관심을 가지고 살피며 올바른 방안을 제시하고 본인이 스스로 고치도록 노력하게 만드는 것이 조직장이 해야 할 역할이다. 사소한 실수를 한두 번 눈감아주다가 조직 전체에 전염될 수도 있고, 당사자는 그 사소한 실수가 습관이 돼 신뢰를 잃을 수 있음을 조직장은 명심해야 한다.

착한데 일 못하는 직원을
어떻게 할 것인가

직원이 실수를 반복할 때 어떻게 해야 하는가

한 주임이 A팀으로 배치된 것은 한 달 전이다. 한 주임의 밝고 천진난만한 모습에 A팀 전원은 팀의 활력이 될 것으로 생각했다. 특히 김 대리는 5년 막내를 벗어나게 되었다며 자잘한 업무를 줄 생각에 기분이 들떠 있다. 한 주임이 오고 1주일이 지나서 김 대리가 팀장에게 면담을 요청했다. 쉬운 업무를 여러 번 알려주고 잘하겠지 생각했는데 계속 실수해서 다른 업무를 줄 수가 없고 알려준 업무도 자신이 하고 있다고 했다. 팀장은 김 대리에게 좀 더 구체적으로 알려주고 일하는 모습을 지켜보며 혹시 잘못하는 부분이 있으면 즉시 교정해주라고 했다. 김 대리는 다음 날 또 찾아와 그냥 자신이 업무를 하겠다고 말했다.

팀장은 한 주임을 업무가 많은 이 과장과 한 조로 묶었다. 그리고 이 과장이 멘토가 돼 둘이 업무를 수행하라고 했다. 이 과장은 팀장에게 감사하다고 하고 한 주임에게 자신의 업무 일부를 알려주고 해보라고 했다. 그중 하나는 매주 전사 자료를 취합해 7가지 영역으로 분류하는 일이었다. 기일 안에 취합하는 과정도 중요하지만 1,000여 개의 자료를 보며 7가지 영역으로 분류하는 작업은 일의 기초가 되므로 매우 중요한 작업이었다. 한 주임은 각 팀에 전화를 걸고 찾아가 기일 내 자료를 취합했다. 하지만 이 과장은 7가지 영역으로 분류한 결과를 보고 망연자실했다. 분류의 원칙도 기준도 없이 왜 이렇게 했는지 이해할 수가 없었다. 마감 시간이 촉박했기 때문에 이 과장은 철야를 해서 한 주임의 자료를 전부 재정리하고 분류하여 간신히 마감을 할 수 있었다.

　2주 차에 이 과장은 한 주임에게 자신이 분류한 기준과 방법을 설명했고 분류하면서 판단하기 곤란한 자료가 있으면 바로 물어보라고 했다. 이 과장은 자료 취합이 끝나자 한 주임이 분류하는 기준을 살펴보았다. 3가지 영역으로 분류해야 할 자료인데 한 주임은 4가지 영역으로 분류했다. 이 과장이 왜 4가지 영역으로 했냐고 물으니 한 주임은 설명을 못 하고, 모르면 물어보고 제대로 해야 한다고 하니 아무 말이 없다. 결국 다시 기준과 방법을 알려주고 퇴근 전에 했던 작업물을 가져오라고 했다. 퇴근 전에 가져온 자료는 엉망이었다. 이 과장은 전부 직접 재작업을 했고 한 주임을 없는 존재로 생각하고 업무를 주지 않았다. 한 달 동안 세 명의 업무를 한 주임에게 수행하게 했으나 제대로 수행한 업무가 없었다. 명랑하고 일찍 출근하며 착한 사람이었지만 일을 함께할 팀원은 아니었다. 팀장은 B팀에서 한 주임을 데려온 것을 후회했지만 되돌려 보낼 수도 없었다.

무능한 직원이 팀의 고민이 돼서는 안 된다

좋은 의도를 갖고 시작했으나 결과가 없어 실패하는 경우가 있다. 이때 의도가 좋다고 해서 실패를 용인해서는 안 된다. 기업은 친목 단체가 아니다. 좋은 의도가 성과로 이어지도록 이끌어야 한다. 오른손이 한 일을 왼손이 모르게 하라는 것은 기업에는 올바른 기준이 아니다. 기업은 오른손의 엄지손가락이 한 일을 모든 사람이 알게 하여 이익의 극대화를 추구하고 지속성장해야 한다. 봉사활동을 해도 아무도 모르게 하는 것이 아니라 기업 이미지 제고에 기여해야 한다. 기업의 지속성장에 도움이 되지 않거나 가치 창출이 되지 않는 일은 해서는 안 된다. 결과가 없거나 큰 손실을 봤는데 의도가 좋았기 때문에 용서해달라는 것은 자신이 무능하다는 것을 인정하는 말에 불과하다. 가정형편이 어려워 60대인 어머니도 아르바이트하고 80대인 할머니도 폐지를 줍는데 취업도 하지 못한 서른 살 아들이 유기견을 데려와 키우겠다고 한다면 어떻게 하겠는가?

연초에 착하고 성실하지만 성과가 높지 않은 직원을 면담하여 일하는 방법에 대해 알려주었다. 이 직원은 매일 가장 먼저 출근하고, 주변 책상과 휴지통을 청소하고, 출근하는 직원에게 상냥하게 인사했다. 하지만 성과로 이어진 일은 거의 없다. 오히려 일 처리를 잘못하여 수정하는 경우가 더 많았다. 착하고 명랑하다고 해서 용서가 되지 않는다. 직장이라면 착하고 명랑한 것도 중요하지만 일 그 자체를 제대로 신속하게 해내 성과를 창출해야 한다. 우리가 병원을 찾아갈 때 잘생기고 친절한 의사를 찾는가? 내 병을 빨리 제대로 고쳐줄 의사를 찾는가?

팀장이라면 착하지만 무능한 직원을 만나면 두 가지를 생각해서 결정을 내려야 한다. 하나는 자신의 팀에서 이 직원이 제 몫을 할 수 있는 일을 찾아 가르치고 해내도록 이끄는 것이다. 만약 없다면 빨리 할 수 있는 일이 있는 곳으로 보내야 한다. 다른 하나는 이 직원의 미래를 생각하여 또 다른 인생의 길을 찾아 걷도록 하는 것이다. 인사팀에 건의하여 회사와 직원이 서로 도움이 될 방안을 모색해야 한다. 무능한 직원이 팀의 고민거리가 되도록 해서는 안 된다.

시킨 일만 하는 저성과 직원을
어떻게 할 것인가

고성과자는 무엇이 다른가

매월 직원들과 30분 정도 일과 역량에 대한 면담을 하면 고성과
자와 저성과자의 특징을 알 수 있다. 고성과자는 일하는 데 프레임
과 프로세스가 명확하다. 조직의 역할과 자신이 하는 일의 의미를
잘 알고 있다. 일의 프로세스와 단계별에 알맞은 처리 방식이 몸에
배어 있다. 무엇보다 누가 어떤 직무를 맡고 수준이 어떠하며 무슨
자료를 갖고 있는지 잘 알고 협조를 부탁한다. 자신이 가지고 있는
지식과 자료를 적극적으로 공유하면서 자신은 더 높은 수준의 자
료를 구하거나 만들면 된다고 생각한다. 필요하면 다른 회사나 경
쟁사를 방문해서 더 완벽하게 일 처리를 하는 걸 추구한다. 마감에
만 매이지 않고 항상 변화를 읽고 선제적으로 조치한다.

저성과자는 무엇이 다른가

입사 20년 차인 김 과장은 매일 8시에 출근하고 누구보다 성실하게 일한다. 성실하다는 것은 출근이 빠르고 퇴근이 늦다는 것과 업무 시간에 사적 행동을 하지 않는다는 것이지 성과를 낸다는 것은 아니다. 조직장은 스스로 기획하고 주도적으로 실행해 성과를 내는 직원을 좋아하고 시키는 일만 하는 직원을 좋아하지 않는다. 또한 일할 때 타인의 지원과 협조를 받아 일을 신속하고 전사적 관점에서 마무리하길 원하지, 이것은 내 일이라고 혼자 붙들고 있는 직원을 좋아하지 않는다.

저성과자는 공통점이 있다. 첫째, 일하는 바람직한 모습과 지향하는 수준이 없거나 낮다. 일을 추진할 때 가장 먼저 해야 할 일은 일의 조감도를 그리는 것이다. 빌딩을 그리는 것과 초가집을 그리는 것, 아예 집 자체를 생각하지 않는 것은 큰 차이가 있다.

둘째, 일을 수행하는 역량과 전문성이 낮다. 일에 임하는 마음가짐과 태도, 전문성이 낮은 이유는 다양하다. 크게 세 가지 면이 있다. 일에 대한 열정이 떨어지는 경우, 일하는 방식을 모르는 경우, 일을 수행하는 지식이나 경험이 떨어지는 경우이다. 일에 대한 열정이 없으니 일이 재미가 없어 성과를 창출할 수가 없다. 이들이 새로운 일을 만들거나 도전하거나 선제적 조치를 할 거라고 기대할 수가 없다. 일하는 방식을 모르니 열심히는 하지만 효율적으로 일하지 못하고 성과를 내는 방법을 모른다. 앞으로 달리면 되는데 옆으로 가거나 엉뚱하게 뒤로 간다고 생각해보라. 지식이나 경험이 낮은 이유 중 하나는 일정 수준의 직무 경험만 하다가 옮기는 일을 반복하다 보니 일정 수준 이상의 경지를 해낼 수 없는 것이다.

셋째, 함께하는 직원들과 협력하고 지원하는 팀워크가 현저하게 떨어진다. 회사에서 혼자 할 수 있는 일은 한계가 있다. 개개인의 성과가 높은 것보다 시너지를 통한 전체의 성과가 높아야 한다. 한 명이 10의 성과를 낸다고 할 때 열 명이 100의 성과를 내는 게 아니라 전체로서 일하면 200 나아가 1,000의 성과를 내야 하는 것이 회사이며 조직으로 일하는 것이다. 이것은 내 일이니까 나 혼자 한다는 생각은 맞지 않는다. 함께 일하는 직원에게 관심을 두고 좋은 관계를 맺으며 서로 가르치고 공유하면서 전체가 높은 수준으로 성장해야 한다. 내가 이 회사에서 근무하는 이유는 주위 직원으로부터 배우며 정을 느끼고 재미있기 때문이라는 말이 직원들로부터 회자돼야 한다. 팀워크를 이뤄 혼자서는 할 수 없는 높은 도전으로 이끌어야 한다. 혼자 하겠다는 직원에게는 이런 수준을 기대할 수 없다.

어떻게 저성과자가 성과를 내도록 할까

저성과의 이유는 알았다면 어떻게 저성과자가 성과를 내도록 할까? 크게 네 가지를 강조하고 싶다.

첫째, 본인이 어느 수준인지를 알게 한다. 사람들은 자신에 대해 관대하다. 조직 내 하위 직원도 자신은 중간 정도는 한다고 생각한다. 직원 개개인이 지금 어느 수준인가를 명확하게 알려줘야 한다.

둘째, 자기계발 계획서를 중심으로 장기 목표와 당해 연도 목표를 수립하고 계획적, 지속적으로 추진하게 한다. 목표와 실행계획이 있고 없고는 큰 차이를 낳는다.

셋째, 조직장이 점검과 피드백을 한다. 조직장이 일에 임하는 마음가짐, 일하는 방식, 역량, 일의 수준에 대해 관찰한 것과 기대 사항을 구체적으로 피드백한다면 직원들이 빠르게 성장할 것이다. 구성원의 역량과 성과는 그 조직장의 관심과 실행에 달려 있다.

넷째, 회사 차원에서 지식 경영을 한다. 임직원의 경험과 지식의 암묵지를 형식지로 가져가고, 개선활동CoP과 토론방 등을 활성화하여 현장 중심의 문제가 해결되도록 해야 한다. 지식 나눔이 일상화되고 전사 차원의 지식이 활용되는 것을 보여준다면 개개인의 수준이 눈에 띄게 향상될 것이다.

회원들의 실력이 매우 높은 탁구장을 관찰해보니 3부 이상의 고수들이 6부 수준의 회원들을 개별 지도한다. 6부 회원 중 한 명이 회전 스매싱을 하게 되니까 며칠 되지 않아 6부 회원 모두가 회전 스매싱을 한다. 이것이 집단학습이다.

배우려는 의지가 없는 직원을
어떻게 할 것인가

업무 역량이 안 되는 직원을 어떻게 할 것인가

차분하고 합리적으로 일 잘하기로 소문난 재무팀의 김 부장이 팀장으로 승진했다. 회사는 우수 인력의 전력화 차원에서 팀장 중 일부 인원의 직군을 옮겨 전략적으로 순환 배치를 한다. 김 팀장은 재무에서만 15년 근무한 전문가이지만 전략적 경력 개발 대상자로 배치된 곳은 생산관리팀이었다. 생산 제품과 프로세스에 대한 개략적인 지식은 있었지만 생산 현장에 관한 지식과 프로세스별 상세한 내용을 알지 못하는 상태에서 생산관리팀을 담당하게 돼 큰 부담이 있었다. 김 팀장은 숫자적 감각과 꼼꼼한 성격으로 짧은 시간에 생산 관리 전반의 업무는 파악할 수 있었지만 고민이 생겼다.

팀원 중 생산직으로 출발해 현장에 적응하지 못하고 사무직으로 전환된 A대리가 있다. 이곳에서도 주어진 업무와 맡은 바 역할 없이 방치된 상태였다. 김 팀장은 전임 팀장을 통해 A대리가 직무 역량이 매우 떨어지며 열정이 없어 생산 현장에서 외면당하고 받아주는 곳이 없어 와 있다는 것과 그럼에도 노력하지 않아 지난 2년 동안 팀의 애물단지였고 팀원들의 불만이 많았다는 것을 들었다. A대리와 개별 면담을 해서 납기와 품질 관리 업무를 부여하려 했다.

그러나 거래처 요구와 현장 생산량 관리를 제대로 못 했고 단순히 시키는 일에 대해 엑셀 작업만 간신히 하는 수준이었다. 불량 개수도 파악하지 못하니 품질 관리 업무를 맡길 상황이 아니었다. 현장 조장과의 업무 협조가 이루어져야 하는데 소통이 되지 않아 현장 조장들의 불만의 소리가 높았다. 결국 품질 관리 업무는 팀의 막내에게 이관하고 납기 업무도 전임 담당자인 B과장을 멘토로 임명해 체계적으로 가르치며 추진하라고 했다. 일주일이 되지 않아 B과장은 A대리가 배우려 하지 않는다고 면담을 요청했다.

배우려 하지 않는 직원을 어떻게 할 것인가

멘토링을 하는 멘티들에게 어떻게 하면 좋을지 의견을 구했다. 대략 다음과 같은 답변을 주었다.

- 우선은 일대일로 진지하게 대화를 나눠보겠다. 그 과정에서 우리 조직의 비전, 핵심가치, 주요 추진전략과 과제에 대해 한

번 더 설명한다. 그리고 그러기 위해서 개인의 직무 역량과 배우려는 의지가 얼마나 중요한지 강조하겠다. 그래도 변화하지 않거나 변화하기를 거부한다면 우리는 함께 일하기 어렵다는 뜻을 전하겠다.

- 특정 직무를 해당 직원에게 부여해서 주변에 물어보면서라도 해내도록 하겠다.
- 승진이나 연봉 인상 등의 목표를 가질 수 있도록 독려하고 부족한 부분에 대해 회사에서 교육받을 기회를 주겠다.
- 일의 진행 상황을 수시로 공유하게 해서 본인이 직무 역량이 떨어지는 것을 느끼게 하겠다. 그래도 잘 느끼지 못한다면 천천히 발전해도 좋으니 모르는 것은 적극적으로 배워나가라고 조언하겠다.
- 본인이 직무 역량이 떨어지는 것을 알고 개선하도록 면담하겠다.
- 올해 목표에 부족한 역량을 보완할 수 있는 항목을 반영하도록 하겠다. 본인이 현 직장을 다니고 싶다면 그만큼 노력해야 한다. 회사가 본인을 계속 고용해야 하는 이유를 만들어야 한다.

상황에 따라 다르지만 대부분 '면담을 통해 알아듣도록 이야기한다'가 가장 많았다. 사실 역량이 떨어지고 의욕이 없는 직원은 분명 이유가 있을 것이다. 4가지 유형으로 판단해보자.

첫째, 매우 성실하지만 몰라서 못 하는 직원이다. 이 직원은 가르치거나 교육의 기회를 주면 성실하기 때문에 빠른 기일 내 일정 수준 이상으로 따라오며 자신이 담당하는 직무를 수행하며 성과를 내게 된다.

둘째, 처음부터 역량 수준이 낮고 노력하지 않는 직원이다. 그럼 팀에서 이 직원이 해낼 수 있는 낮은 수준의 직무를 부여하거나 마땅한 직무가 없거나 다른 팀원과 불화가 지속되면 수준에 맞는 직장을 선택하도록 조언하는 것이 바람직하다.

셋째, 요령을 피우는 기회주의자이다. 부서장으로서 관리하기 힘든 직원 중 하나이다. 직설적으로 질책하고 변화하지 않으면 함께 갈 수가 없다고 다짐을 받는 것이 중요하다. 방치할 때 잘하는 사람의 마음에 상처를 줄 수 있다. 할 줄 알면서 안 하기 때문이다. 이러한 직원의 특징은 이기적이며 이간하는 언행을 한다는 것이다.

넷째, "이 나이에~"라고 말하는 나이가 많고 근속 연수가 긴 직원이다. 이들은 과거 젊었을 때 헌신적으로 일했고 희생했다고 한다. 부서장보다 나이가 많을 때는 면담 시 조심스러운 부분이 있지만 부서장은 냉정해야 한다. 회사는 근무할 수 있도록 제반 여건을 제공했고 일한 만큼 보상했지만 지금은 과거가 아니라고 분명히 이야기해야 한다. 서운하다고 하겠지만 과거 추억으로 회사생활을 하는 것은 아니지 않은가?

직장생활을 하면서 힘들게 하는 직원이 한두 명은 반드시 있다. 힘들게 하는 직원에 대해 어떤 마음가짐으로 조치를 할 것인가? 조직장이라면 다음의 4가지 질문을 스스로에게 해보자.

첫째, 힘들게 하는 직원에게 누군가 "회사에서 가장 존경하는 사람이 누구냐?"라고 묻는다면 "지금 모시고 있는 상사"라고 자신 있게 말하도록 하고 있는가?

둘째, 힘들게 하는 직원을 미워하지 않고 어느 곳에서 어떤 일을 해도 인정받고 성과를 내도록 육성하고 있는가?

셋째, 힘들게 하는 각각의 상황을 해결할 수 있는 자신만의 방안을 가지고 있는가?

넷째, 기회를 주고 지도해도 변화가 없고 조직과 구성원을 힘들게 하며 성과를 내는 데 방해한다면 냉정하게 조치하고 있는가?

임원이나 팀장은 길고 멀리 보며 조직과 구성원의 가치를 올리고 성과를 창출하고 자부심을 심어주는 리더여야 한다. 힘든 자리이기에 회사가 믿고 맡겼다는 사실을 잊지 말고 조직과 직원들이 차별화된 높은 수준의 경쟁 우위를 갖도록 이끌어야 한다.

다른 팀에 가겠다는 직원을
어떻게 할 것인가

역량이 떨어지는 직원을 전배해도 될 것인가

홍 과장이 언제 과장으로 승진했는지 아무도 모른다. 홍 과장이 지도한 신입사원들은 부장이나 팀장이 됐다. 팀에서 홍 과장에게 일을 부탁하는 직원은 한 명도 없다. 팀의 가장 고참인 김 부장도 홍 과장의 입사 후배이다. 팀장은 홍 과장과 주 1회 이상 면담을 하며 관심을 주었지만 열정과 성과는 다른 팀원에 비해 높지 않다. 오히려 팀워크를 해치는 경향이 있다. 홍 과장이 팀장에게 면담을 신청해 자신은 이 팀에 적성이 맞지 않아 타 부서로 보내달라는 요청을 한다. 당신은 홍 과장을 다른 팀으로 보낼 것인가? 팀장으로 팀원을 다른 팀에 보내는 원칙이 있다면 무엇인가?

부서 이동의 원칙은 무엇인가. 부서장으로서 함께 일한 직원을 타 부서로 보낼 때는 헤어지는 슬픔보다 성장하겠다는 기대와 기쁨이 커야 한다. 우수한 직원이 우리 부서에 와서 좋다는 인정을 받아야 한다. 직원을 타 부서로 보내는 원칙은 바로 팀에서 가장 열정적이고 직무 역량이 뛰어나 성과를 올리는 최고 직원을 보낸다는 것이다. 현재 있는 팀에서 배울 것 없이 성과를 내는 것보다 힘들겠지만 일을 더 배울 수 있고 새로운 성과를 낼 수 있도록 해야 한다. 단편적 지식이 아니라 다양한 직무를 경험하여 더 넓은 시각을 갖고 올바른 의사결정을 할 수 있도록 육성해야 한다. 한 조직에 오래 머물면 우수한 직원도 얼마 가지 않아 범용 인재가 되고 만다. 한 분야의 전문가이지만 다른 분야를 알지 못하기 때문에 관리자나 경영자로 성장하기에는 한계가 있다. 짧은 기간일지라도 타 부서에서 다른 직무를 경험하여 전사적 관점을 갖도록 해야 한다.

팀의 문제 직원은 일을 잘할 수 있는 수준으로 역량을 키워 타 부서로 보내야 한다. 나와 함께하는 직원은 어느 부서, 어떤 직무라도 빠르게 적응하여 제 몫 이상을 할 수 있는 인재로 육성해야 한다. 오래 머물러 고이게 하지 말고 일정 수준을 넘으면 새로운 경험을 쌓게 해주는 것이 부서장의 역할과 책임이다.

직원이 제 몫 이상을 하게 도와야 한다

부서장 생활을 하면서 여러 직원을 자발적, 비자발적으로 타 부서로 보내며 배운 점이 하나 있다. 불만스럽게 나간 직원은 옮긴 부서에서도 불만이 많고 성과가 떨어진다는 것이다. 떠난 부서를 험담하며 나쁜 이미지를 심어 놓는다. 나 편하자고 힘들고 무능한 직원을 타 부서로 보내면 그 직원으로 인해 팀과 자신이 무능한 조직장으로 인식된다. 집 안에서 새는 바가지가 밖에서 새지 않을 수 없다. 한 부서에서 불만이 많고 성과가 낮은 직원이 타 부서에 가서 잘한다는 것은 기대하기 어렵다. 마치 핑퐁 게임처럼 문제아를 이 부서 저 부서 옮긴 꼴이다. 회사의 문제이기도 하지만 한 사람 인생의 슬픔이기도 하다.

자신이 맡은 조직과 직원을 강하게 성장시키는 것이 부서장의 역할이며 책임이다. 보통 부서 이동을 원하는 직원은 회사에서 가장 잘나가는 부서나 가장 편한 부서를 원한다. 가장 편한 부서는 그 직원의 미래를 포기하게 하는 일이므로 절대 허락해서는 안 된다. 가장 잘나가는 부서라면 그 팀장에게 다른 이야기는 하지 말라고 부탁하며 문제 직원의 직위라면 어느 정도의 역량과 성과를 창출해야 하는지를 알려주는 면담을 추진하면 된다. 그 부서의 직원 한 명을 소개받아 6개월 이상 멘토링을 실시하게 하고 1년 동안 현 조직에서 성과를 내면서 가고 싶은 부서의 일도 배우라고 하는 것이 좋다. 만약 할 수 없다고 하면 있는 곳에서 성과를 내지 못하면 보내줄 수 없다고 못 박고 보다 악착같은 근성을 키워주는 것이 바람직하다.

어느 조직에든 문제 직원은 분명 있다. 대부분 입사 때부터 문제 직원은 아니었다. 중간에 회사나 상사와 선배로 인해 문제 직원이 된 경우가 많다. 그들에게 진정성 있는 관심과 성장을 바라는 마음으로 면담과 피드백을 하면 기대했던 것보다 크게 변할 수 있다. 성경에 나오는 '돌아온 탕자' 이야기를 생각해보자. 부서장으로서 한 명의 직원이 제 몫 이상을 하게 한다는 것은 회사뿐만 아니라 그 직원의 인생 나아가 한 가정을 구하는 일이기도 하다.

신뢰하기 어려운 직원을
어떻게 할 것인가

A기업에서 관리자 대상 강의를 하다가 애로사항을 들었다. 재택근무를 하는데 소통이 안 되고 신뢰하지 못하겠다는 이야기였다. 부서장은 전원 출근하는데 팀원들은 재택근무라 긴급 지시사항은 직접 처리하고 주간 업무 실적과 계획 양식을 보내지만 결과물을 보면 답답해진다는 것이다.

상대를 이기는 것이 나의 살길은 아니다

A기업은 30년 넘게 무분규로 금년도 임단협을 경영층에 위임했다. 노조위원장은 경영층이 이 어려운 시기에 결정해야 할 일도 많은데 임단협으로 고민하게 하면 안 된다고 한다. 노사 상생과 신뢰

가 바탕이 돼 있다.

B회사는 망하기 직전임에도 작년 임금협상이 아직도 마무리되지 못하고 새해 시작과 동시에 투쟁을 이어가며 서로의 불신으로 의심과 갈등은 더 깊어만 간다.

이혼하는 가정을 보면 생각 없이 던진 말 한마디가 비수가 되고 가볍게 한 행동이 폭력이 되기도 한다. 서로에 대한 애정은 온데간데없고 비난을 일삼고 등을 돌리며 무관심으로 일관하다 헤어진다. 사소한 일부터 큰 잘못까지 부부의 신뢰를 위협하거나 깨는 상황은 많다. 그때마다 목소리를 높이고 싸우며 등을 돌리는 것은 어른이 할 행동이 아니다. 서로 자라온 환경과 생각이 다르기 때문에 상대에 대한 이해와 배려를 보이고 참는 것이 먼저이다. 자기주장이 필요할 때도 있지만 상대의 생각과 말을 공감하는 마음이 중요하다.

신뢰를 잃은 조직도 마찬가지이다. 가정이든 직장이든 모두 신뢰가 바탕이 되지 않으면 모래 위에 쌓은 성처럼 파도에 그냥 무너져 내린다. 신뢰는 긴 시간을 두고 서서히 쌓이지만 잃는 것은 한순간이다. 신뢰를 쌓기 위해서는 근면 성실은 기본이고, 꿈과 열정이 있어야 하고, 맡은 바 자신의 역할을 다하고, 전문성이 있어야 한다. 그리고 주변 사람을 배려하고 존중해야 한다.

무조건 상대를 이기는 것이 나의 살 길이라고 생각하는 조직과 사람이 있다. 그들은 이기기 위해 거짓인 줄 알면서 퍼뜨리고 상대에 대한 비난을 멈추지 않는다. 약자에게는 폭력을 일삼고 알면서도 의도적으로 못된 짓을 한다. 그들의 특징 중 하나는 교묘하게 법망을 피해 이런 일들을 자행한다는 것이다. 당하는 조직과 사람은 어떤 생각과 어떤 행동을 할까? 새로운 가치를 창출하기도 부족한데 결국 서로 망하는 길을 걷는 것 아닐까?

신뢰받는 직원에게는 공통점이 있다

첫째, 자신의 원칙이 분명하고 열린 마음을 유지한다. 기본에 충실하고 자신의 원칙을 지키고 가진 정보를 적극적으로 공유한다.

둘째, 한번 하겠다고 약속한 것은 반드시 실행한다. 이들은 돌발 상황에서도 어쩔 수 없다는 변명을 하지 않는다.

셋째, 자신이 할 수 없는 것은 솔직하게 할 수 없다고 이야기한다. 상대가 서운해하지 않도록 배려하며 거절한다.

조직과 구성원이 일에 자부심을 느끼고, 일을 통해 성장하고, 회사에 출근하는 것이 즐겁다고 말한다는 것은 조직장이 동기부여를 잘한 것이다. 지시를 내린 후 수시로 불러 확인하고 지적하는 것이 아니라 믿고 맡기고 격려하는 문화로 조직과 구성원을 더 성장하고 성과를 내도록 한다. 팀장은 담당자가 보고할 때마다 "홍 과장 멋지다." "역시 홍 과장이야." "홍 과장의 일 처리는 언제나 깔끔해." "홍 과장에게 일을 맡기면 믿음이 가." 등의 인정과 칭찬이 가득하다. 지금 조직장으로서 조직과 구성원을 믿고 격려하며 이끌고 있는가?

자기 일만 하는 직원을
어떻게 할 것인가

팀으로 일해야 하는데 자기 일만 한다

A대리가 담당하는 업무는 채용과 교육이다. 회사는 채용한 인원에 대한 교육까지 A대리에게 담당하게 했다. 현장에서는 많은 젊은 인원이 퇴직하여 빨리 충원을 해달라는 아우성이 높다. A대리 입장에서는 충원해주면 유지 관리를 해야 하는데 방치하거나 무리한 업무 지시로 오래 근무하지 못하고 퇴직하게 한 현업 부서에 대한 불만이 많다. 예전에는 1년에 2회 채용을 했지만 수시 채용으로 제도가 바뀌면서 매월 직무 중심으로 채용을 한다. 다행인 것은 서울에 위치한 무역업 회사이기 때문에 지원자는 항상 많다.

A대리는 SNS를 통해 수시 채용을 한다. 지원자의 입사 서류를 현업 부서에 보내 3배수로 면접을 본다. 과거에는 면접에 응하지

않는 경우가 거의 없었지만 요즘은 세 명에게 통보하면 세 명 모두 면접 당일 참석하지 않는 경우도 있다. A대리는 인적성검사를 실시하여 낮은 등급의 지원자는 인사 파트에서 제외하고 있다.

A대리는 채용이 끝나면 합격한 직원을 대상으로 2주에 걸친 입문 교육을 했다. 하지만 매월 소수의 인원을 채용하면서 두세 명을 데리고 2주간 입문 교육을 하는 것은 무리였다. 분기별 실시한다는 계획으로 입문 교육을 진행했다. 대부분 A대리가 담당하지만 현업 부서장의 지원과 협조 없이는 채용과 인재 육성 업무를 수행할 수 없다.

인사팀은 3월에 승진, 보상 협의, 6월에 중간 평가를 하기 때문에 무척 바쁘다. 승진과 보상은 B과장이 하고 평가는 C과장이 한다. 채용이나 입문 교육이 있는 시기에 B과장과 C과장이 남아 A대리를 도와준다. 그런데 A대리는 자신의 일이 끝나면 항상 6시 정시에 퇴근한다. 팀이 바쁜 것은 자신과 무관하다는 생각이 강하다. 내가 내 할 일을 다했고 내 일이 아닌 것에는 간섭하지 않는다는 생각이 강하다. 공동 업무와 회사 차원의 야유회나 창립 행사와 같은 일도 A대리는 항상 열외이다.

A대리는 담당하지 않는 일에 대해서는 철저하게 선을 긋는다. 연초 단합을 위한 전사 차원의 산행 업무가 인사팀에 배정되었다. 그는 채용과 육성 준비로 담당할 수 없다고 단호하게 이야기한다. 평가를 담당하는 C과장이 업무를 담당했다. 금요일 산행인 관계로 주말에 함께 사전답사를 부탁했으나 자신은 주말에 회사 일을 할

수 없다며 거절한다. C과장은 서운한 마음이 있었으나 알았다고 하며 자리로 돌아간다.

개인이 아닌 전체를 보는 시야를 갖게 해준다

직무급을 도입하여 운영하는 회사도 있지만 많은 회사가 직무급을 운영하지 않는다. 지금 수행하는 업무는 팀장이 팀 업무를 팀원에게 분장한 결과이다. 그리고 아무리 정교하게 업무 분장을 했다 하더라도 업무 분장과 무관한 일들이 수시로 팀에 부과된다. 자신이 맡은 업무만 수행할 수가 없다. 물론 팀장이 새로운 업무를 지시할 때는 담당 업무, 역량과 현 여유 수준, 일에 대한 성취감과 사명감, 평소 관계 속에서 합리적으로 부과한다. 자신의 업무가 아닌 일을 지시받았을 때 언제나 "예, 알겠습니다."라고 시원스럽게 대답하고 추진하는 팀원은 그리 많지 않다. 대부분 수용하는 편이지 그 자리에서 못 한다고 말하는 팀원은 거의 없다. A대리처럼 그 자리에서 못 한다고 말하는 이유는 무엇이며 무엇이 문제인가?

첫째, A대리의 인간성이 좋지 않다고 말하기에 앞서 조직장으로서 자신의 역할을 다했고 직원들의 마음속에 인정과 존경을 받고 있는가를 돌아봐야 한다. 자신을 지금 이 회사에 있게 한 존경하는 상사가 자신에게 무리한 일을 부탁했을 때 "못 하겠습니다."라고 하겠는가? 회사에서 자신의 위치를 생각하기에 앞서 조직과 구성원에게 자신이 어떻게 인식되는가를 살펴야 한다.

둘째, 조직장의 역할 중 하나는 직원 육성이다. A대리를 언제 어느 곳에서도 인정받고 함께하고 싶은 직원으로 육성하는 것도 조직장의 역할이다. A대리를 건건이 코칭하는 것도 중요하지만 그보다 고민하고 느끼며 실천하게 하는 것이 더 중요하다. 팀원들이 지금 무엇이 바쁘고 왜 힘들어하는가? 어느 팀원이 여유가 있는가? 누가 업무 수준이 더 뛰어나며 누구를 도와줘야 하는가? 등을 느끼게 하여 개인이 아니라 전체를 볼 수 있는 시야를 갖게 하는 방법을 찾아야 한다. 팀 주간 업무·역량 계획과 실적을 취합 정리하여 보고하게 하는 업무를 부여하는 것도 한 방법이다.

셋째, A대리와 열린 소통을 해야 한다. 정말 몰라서 그와 같은 행동을 했을 가능성도 있다. 회사는 개인 종목이 아니다. 단체 종목이다. 혼자 잘한다고 팀이 우승하는 것이 아니고 전체가 하나가 돼 한 방향으로 정렬해서 뛰어난 역량을 발휘할 때 이길 수 있음을 이야기해야 한다.

그렇다고 해서 정시에 퇴근하는 것이 안 좋게 보이게 해서는 안 된다. 오히려 야근하며 늦게 퇴근하는 것이 역량이 부족하거나 일하는 방식이 잘못돼서라고 생각하게 해야 한다. 문제는 정시 퇴근이 아니라 자신의 일이 아니면 신경쓰지 않는 자세이다. 일이란 앞뒤 공정과 연계가 있다. 내 일만 끝났다고 일이 끝나고 성과가 나는 것이 아니다. 자신의 일이 더 큰 성과를 내기 위해 앞뒤 공정의 조율과 협력 관계가 중요하다는 것을 인식하도록 해야 한다.

일이 몰려서 힘들다는 직원을
어떻게 할 것인가

일이 몰려서 힘들어할 때 어떻게 할 것인가

A사원은 입사 2년 차로 내성적이며 주변 선배와 상사에게 거의 말을 하지 않고 자신에게 주어진 일만 처리한다. 평소 말이 없기 때문에 현재 어떤 상태인지 아는 팀원이 없다. 항상 비슷한 시간에 출근하고 퇴근할 때도 워낙 조용히 나가기 때문에 책상이 정리돼 있으면 퇴근했다고 생각한다.

A사원은 자신에게만 잡다한 많은 일을 하라고 하고 주어진 시간 내에 끝낼 수 없어 야근하는 것이 너무 싫었다. 내성적인 성격이라 표현을 하지 않았지만 오후 5시 넘어 선배들이 자잘한 요청을 하는 것에 매우 화가 난 상태였다. 그날도 A사원에게 아침부터 이런저런 잡일이 주어졌다. 점심시간이 되었는데 주어진 일의 반도 끝

내지 못한데다 선배들은 선약이 있어 먼저 나간다고 해서 굶으며 일했다. 오후가 돼서야 담당 업무를 하는데 팀장이 빨리 보고서를 가져오라고 한다. 아직 정리가 안 되었다고 하니 뭐 그리 오래 걸리냐며 한마디 한다.

A사원은 자신에게만 일이 몰리는 게 너무 힘들었다. 아무리 생각해도 이런 생활을 지속할 수도 없고 이런 상태로는 성장할 수 없다는 생각이 들었다. 팀장에게 이직하겠다고 면담을 요청했다.

팀의 막내에게는 잔심부름과 팀의 공동 업무가 주어지는 경우가 많다. 선배들 입장에서는 자신들도 막내 시절에 해왔던 일이기에 당연하게 생각한다. 하지만 단순 반복 잡일을 하는 직원 입장에서는 이런 일을 하기 위해 입사를 했는지 후회된다. 자신은 바쁜데 선배들을 보면 차를 마시고 잡담을 하는 등 여유가 있다. 도와달라고 하면 도와는 주지만 잡일은 변하지 않았다. 자신에게만 일이 몰리고 힘들다고 직원이 말하면 어떻게 하겠는가? 멘티들에게 물었다.

- 먼저 주어진 업무들을 분석해서 정말 집중해야 할 업무와 조금 덜 집중해도 되는 업무를 구분하도록 하겠다. 그리고 업무 효율화를 위해 일하는 방식을 바꾸기 위해 노력하겠다.
- 상급자와 얘기를 나눠야 할 것 같다. 그리고 본인 일이 아닌 것은 굳이 나서서 할 필요는 없다고 생각한다. 그때그때 불편한 사항들을 알아서 해결하다 보니 그 일들이 본인의 일이 된 것 같다. 팀원 중 아무도 하지 않으면 불편해서 했을 뿐인데

"네가 담당이니까 네가 해야지"가 되는 것이다. 상사와 이야기해서 업무 분장을 분명히 하는 것이 필요하다.

- 일이 몰리는 직원은 보통 일을 잘하는 직원일 가능성이 크다. 업무 중요도를 따져 이 직원만이 할 수 있는 일과 다 같이 할 수 있는 일을 구분하여 직원들과 분배하도록 하겠다.

- 일단 본인이 생각하는 원인이 무엇인지 들어보겠다. 이유도 사정도 없이 단지 힘들다는 말만 하는 건지 혹은 정말 본인에게 일이 많이 몰려 힘든 부분이 있는 건지 살피겠다. 한두 명이 아니라 여러 명이 같은 말을 한다면 다 같이 모여 이야기를 나눠보는 것도 좋을 것 같다. 혹시 서로 중복되는 일을 하고 있는 것은 아닌지, 소통의 부재로 일이 힘든 것은 아닌지 살필 필요가 있다. 정말 일이 많아 모두가 힘든 것이라면 타 부서와 일을 나누거나 충원을 고려하겠다.

- 일의 물리적 양이 문제일 수도 있다. 하지만 현장에서 경험해보면 대부분 직원들이 몰라서 못하는 경우도 많은 것 같다. 리더의 업무 개입도를 높여 적정 궤도에 오를 때까지 피드백을 통한 교육이 우선이라 생각하고 그럼에도 물리적인 양이 문제라면 팀 내에서 업무 재분배를 하여 지원하는 것이 옳다.

- 현재 본인의 업무가 무엇이며 어디까지 가능한지, 어떤 업무가 힘든지 보고하라고 한 후 업무 분장을 새로 하도록 하겠다. 새로운 직원을 충원하기 어렵다면 업무 분장을 새로 하는 것이 가장 나은 선택인 것 같다.

팀원들의 업무를 공유한다면 어떻게 될까

김 팀장은 매일 아침 출근과 동시에 자신이 해야 할 일 6가지를 우선순위를 정해 상사와 팀원에게 공유한다. 팀원들도 팀 게시판에 당일 자신이 해야 할 일을 시간대별로 적어놓는다. 팀 일정표를 보면 누가 몇 시에 어떤 업무를 하는가 알 수 있다. 매주 금요일 4시가 되면 팀장에게 세 가지 자료를 전송한다. 주 업무 실적과 계획, 주 역량 실적과 계획, 금주 잘한 일 세 가지이다. 4시 반에는 팀원 전체가 모여 한 명씩 돌아가며 자신의 실적, 계획, 잘한 일을 5분 이내에 발표한다. 모든 발표가 끝나면 팀원이 한 명씩 돌아가며 토론의 시간을 가진다. 이때 일을 하며 서운한 일이나 애로사항을 이야기한다. 김 팀장은 매주 금요일 실적 토론회를 마치고 월요일에는 팀 게시판에 면담 시간을 공지하고 팀원당 20분씩 개별 면담을 한다.

매일 매주 자신의 업무를 공유하고 발표하며 팀장과 매주 면담하면 어떤 일이 발생하겠는가? 내가 하는 일을 감시한다고 생각하겠는가? 그 때문에 일을 못 하겠다고 불만이 생기겠는가?

성과 관리는 지속적 관심을 통한 목표 점검과 피드백을 통한 성장과 성과 향상이라고 생각한다. 매일 업무를 공유하고 매주 실적을 발표하면 세 가지가 개선된다. 나에게만 일이 몰리고 힘들다는 불만을 가진 팀원이 없다. 일의 수준과 내용이 갈수록 향상된다. 기록에 의한 점검과 피드백이 이루어진다. 때로는 개별 면담을 통해 해결할 수 있지만 시스템에 의해 해결되는 것도 있다.

후배의 성과를 가로채는 직원을
어떻게 할 것인가

선배가 후배의 기여도를 숨겼을 때 어떻게 할 것인가

내성적이지만 밝고 인사성이 좋던 A주임이 갈수록 웃지 않는다. 점심시간에 혼자 나가고 팀 회의에서 말이 없다. 별도로 불러 면담을 해도 개인 사정이 약간 있는데 내색해 죄송하다는 말만 한다. 항상 늦은 시간까지 야근하지만 결과물을 보면 야근할 정도의 수준이 아니다. 말 못 할 고민이 해결되면 잘하겠지 하고 별일 아닌 것으로 생각했는데 갑자기 개인 사정으로 퇴직을 하겠다고 한다.

B부장은 회사에 모르는 사람이 없을 정도로 발이 넓다. 이 부서 저 부서 다니며 직원들과 대화를 나눈다. 회사 행사와 개인 경조사에 빠지는 일이 없다. 어느 팀에 무슨 일이 있는지를 B부장은 다 알고 있어 팀의 정보원이다. B부장은 자신의 업무 중 시간이 많이

소요되는 단순 업무는 전부 A주임에게 시킨다. 처음에는 요청 수준이었으나 이제는 당연히 A주임이 하는 일이 돼버렸다.

A주임은 자신의 일도 벅찬데 항상 B부장의 일을 처리하기 위해 자료를 조사하고 정리해 분석까지 하느라 매일 야근했다. B부장은 분석 자료를 중심으로 대안을 만들어 보고서를 작성해서 보고한다. 팀장 입장에서는 B부장이 신속하게 많은 중요한 일을 처리하고 대인관계가 좋기 때문에 신뢰하며 급한 업무가 있으면 부른다. B부장의 일이 많아질수록 A주임의 퇴근은 늦어졌다. 이 과정에서 A주임의 기여도는 하나도 드러나지 않았다. B부장 개인의 지시였고 최종보고서 작성과 보고도 B부장이 단독으로 했다. 그러다 보니 팀장은 A주임이 가끔 도와준 정도로만 생각하고 있었다.

A주임은 회사와 직무는 다 좋지만 자신이 원하는 삶을 위해 퇴직하겠다고 한다. 팀장은 다른 팀원과 면담을 하며 그간의 사정을 알게 되었다. 당신이 팀장이라면 어떻게 하겠는가?

선배가 후배의 성과를 가로챘을 때 어떻게 할 것인가

팀 전체의 성과를 위해 중요하고 긴급한 일이 있으면 각자 바쁜 일이 있더라도 합심해서 먼저 처리해야 한다. 누구의 일인지도 중요하지만 팀의 성과를 위해 하나가 되는 것이 더 중요하기 때문이다. 하지만 매번 선배 팀원의 단순 업무를 후배 팀원이 도맡아 하는 것은 문제가 있다. 팀제하에서는 자신의 직무는 본인이 수행하고 책임져야 한다. A주임은 선배의 지시였기 때문에 어쩔 수 없었다고 말한다. 하지만 자신의 직무를 해내지 못하면서 남의 일을 도와주는 것은 옳지 않다. 본인의 잘못이고 일을 시킨 선배의 잘못이기도 하지만 가장 큰 잘못은 조직장인 팀장에게 있다. 조직장은 좋은 사람이기만 해선 안 된다. 조직과 구성원의 가치를 향상하는 사람이 돼야 한다. 팀원 중에 "회사와 직무는 좋지만 상사와 선배가 싫어 퇴직한다."라는 말이 나오면 전적으로 조직장 잘못이며 책임 아닐까?

후배의 성과를 선배 팀원이 가로채는 일이 없도록 하려면 어떻게 할 것인가? 다음과 같은 방안이 있다. 어느 방안이 발생할 수 있는 부정적 요소를 방지하고 팀의 성과를 올릴 수 있을지 생각해보자.

- 근본적으로 방지할 수 있는 방법은 후배에게 거절하는 방법을 가르치는 것이다.
- 성과를 보고하는 자리에 후배도 배석하게 하고 실제로 해당 업무를 한 사람만이 대답할 수 있는 질문을 한다. 그래서 선배가 자신의 성과라고 주장하기 어렵게 한다.
- 팀원들이 한 주 동안 어떤 업무를 했는지 팀원 전체가 함께 주간 보고를 하게 한다.
- 중간보고를 받는다. 물론 중간보고조차 선배 팀원이 자신의 성과로 보고할 수 있으므로 질문을 하고 과정을 점검한다.
- 단도직입적으로 보고서에 기여한 정도를 물어보고 확장형 질

문을 한다.

- 보고할 때 개인 성과와 팀 성과를 나눠서 하도록 한다.

직장생활을 하면서 매주 금요일 4시에 이런 미팅을 하면 어떨까?

- 전 팀원은 금요일 4시 이전까지 주간 업적과 역량 실적과 계획을 작성해 팀장에게 제출한다.
- 4시에 전체가 모여 직급이 낮은 팀원부터 5분 이내로 주간 업적과 역량 실적과 계획을 발표한다.
- 매 발표 후 협업 내용과 도움을 준 팀원(타 부서 포함)을 말하게 한다.
- 모든 발표가 끝난 후 서로 피드백 시간을 갖는다.
- 팀장은 미팅 후 개별 면담을 한다.

팀원들을 긴장하게 하고 역량과 성과를 동시에 올릴 수 있는 가장 좋은 방법은 매주 정해진 시간에 전체가 모여 자신이 했던 업적과 역량 실적과 계획을 발표하게 하는 것이다. 이 중에 더 힘든 것은 역량이다. 일주일 동안 역량 향상을 위해 한 것이 없다고 생각하는 팀원이 의외로 많다. 이 부분을 집중적으로 피드백해야 한다. 전체 발표를 하면서 칭찬을 한 가지 이상 반드시 하라고 하면 팀의 불만이 많이 해소된다.

다른 사람에게 요청을 못 하는 직원을
어떻게 할 것인가

왜 주어진 일을 혼자 짊어지고 하는가

A팀장은 요즘 김 부장 문제로 머리가 아프다. CEO와의 면담에서 "A팀장, 올해 임원 후보로 거론되었는데 본부장 가운데 반대하는 사람이 있었네. A팀장이 임원이 되면 그 자리를 수행할 사람이 없다는 것이 사유였네. 자신의 후계자를 육성하지 못하는 조직장은 곤란하지 않을까?"라는 주의를 받았다. 팀에는 부장이 가장 선임이고 아래로 과장 2명, 대리 3명, 사원 2명이 있다. 부장과 과장은 입사 8년 이상 차이가 있다. 과장 둘 다 팀의 2년 차로 자신에게 주어진 일은 잘하지만 팀장이 되기에는 역량과 경륜이 부족하다.

김 부장은 주어진 직무를 성실히 수행하고 팀장이 과제를 주면 추진해 처리한다. 하지만 도전성과 추진력이 매우 떨어진다. 부장이 돼 지금까지 단 한 번도 자신이 생각한 과제를 중심으로 프로젝트를 기획해서 추진한 적이 없다. 김 부장의 또 하나의 단점은 주어진 일을 나누지 못하고 혼자 짊어지고 마무리한다는 것이다. 타 부서에 업무 협조 요청을 거의 하지 않는다. 아무리 바빠도 팀의 후배에게 도와달라는 말을 한 적이 없다.

A팀장은 김 부장을 불러 수차례에 걸쳐 일이란 혼자 하는 것이 아니라 함께하는 것이며, 잘하는 사람에게 지원을 받는 것이 더 효율적이라고 강조했다. 매번 알았다고는 하지만 변하지 않았다. 특별히 마감을 어긴 적이 없고 업무 수준이 높기 때문에 넘어갔다. A팀장은 김 부장에 대한 주변의 판단이 자신에게 큰 짐이 될 수 있음을 알지 못했다.

왜 협업과 업무 요청을 힘들어하는가

첫째, 자신이 다 해야 한다고 생각하기 때문이다. 자신의 일이고 책임져야 하기 때문에 당연히 혼자 해야 한다고 생각한다. 사실 바쁘면 주위 이야기가 들리지 않고 도와달라는 말을 할 여유가 없다.

둘째, 성격의 이유도 있다. 누구에게 유난히 요청하지 못하는 사람이 있다. 성격적으로 안 되는 사람에게 하라고 하면 하겠는가? 세심히 관찰하여 성격을 조금씩 고치도록 도와줘야 하는데 사실 그런 상사가 많지 않다.

셋째, 과거의 경험 때문이다. 도움을 요청했는데 안 좋은 경험(납기 미 준수, 수준 낮은 조치, 무리한 요구 등)이 있었다면 다시 요청하지 않으려 한다.

협업과 요청을 힘들어하는 직원을 어떻게 조치할 것인가? 멘티들에게 물었다.

- 개인의 성향으로 인해 충분히 그럴 수 있다고 생각한다. 하지만 조직이 원만하게 운영되기 위해서는 협업이 정말 중요하다. 따라서 해당 직원에게 서로 도움을 주고받는 것이 얼마나 중요한지 설명하고 난이도가 낮은 업무부터 협조를 요청해보도록 경험의 기회를 주겠다.
- 평상시에 다른 팀과 친분이 없다면 업무 협조 요청이 힘들다. 오가면서 가벼운 인사라도 하면서 안면을 익힌다면 더 편하게 다가갈 수 있을 것이다.
- 사람이 힘든 건지, 업무 자체가 힘든 건지 원인 파악부터 해야 할 것 같다. 회사 일이 협업 없이 단독으로 할 수 있는 일은 거의 없다고 봐야 하고 위로 올라갈수록 협업해야 할 일은 더욱 많아지므로 초반에 이런 부분을 파악하여 해결할 수 있는 부분이라면 해결하고, 해결하기 힘든 부분이면 협업이 없는 직무를 주는 수밖에 없을 것이다.
- 협업과 요청이 왜 안 되는지 물어보고 그 부분을 보완할 수 있는 방법을 찾아 개선하도록 노력하겠다.

조직장으로서 시키는 일만 하고 타인의 도움 없이 일을 처리하는 직원을 보면 답답하다. 특별히 잘못한 일은 없지만 지속될수록 팀워크와 팀 성과에 매우 부정적 영향을 미치게 된다. 또한 직원의 성장에도 장애요인이 된다. 조직장이라면 어떻게 할 것인가? 문제점을 명확하게 인지하게 하고 스스로 개선해가도록 목표와 방법을 제시해야 한다. 여러 번 말을 했는데 듣지 않는다고 방치하지 말고 바람직한 모습과 실천하는 것을 점검하고 피드백을 해야 한다. 빠른 시일 내 작은 성공을 찾아 인정과 칭찬을 해주고 지속하도록 해야 한다. 스스로 일을 찾아 주위 사람들의 도움을 받아 수준 높은 결과물을 신속하게 처리할 수 있음을 경험하게 해줘야 한다. 이것이 조직장이 당연히 해야 할 일이다. 그래도 변하려 하지 않는 직원이 있다면 원하는 조직이나 잘할 수 있는 조직으로 보내거나 없으면 다른 길을 찾도록 해야 한다.

조직장의 역할 중 방향과 전략 제시, 의사결정, 성과 창출, 회사의 로열티 강화가 중요하게 거론된다. 그러나 못지않게 조직과 구성원을 강하게 육성하는 역할도 중요하다.

어린 상사와 일하는 나이 많은 직원을
어떻게 할 것인가

사람 중심에서 직무 중심으로 축이 바뀌었다

평생직장의 시대에는 기수 문화가 있었다. 입사 몇 기 또는 입사 연도에 따라 자연스럽게 선후배가 결정되었다. 선배들에 의한 지도뿐만 아니라 교육이 이루어졌다. "상사보다 직속 선배가 더 무섭다."라는 말이 회자될 정도로 선배의 영향력이 컸다. 과부제의 문화에서 일부 특출한 성과를 창출한 직원이 아닌 이상 후배가 선배보다 먼저 과장이 되는 경우는 그리 많지 않았다. 반대로 역량이나 성과가 보통 이하가 아닌 이상 대부분 선배가 과장과 부장이 되었다. 임원이 부장보다 나이가 적은 경우가 없었기에 기수는 회사의 서열이었다.

시대가 바뀌었다. 글로벌 경쟁을 해야 하는 시대가 되었다. 사람 중심에서 직무 중심으로 회사의 큰 축이 바뀌었다. 일의 성과를 위해서는 기존 위계 문화보다는 수평 문화가 더 바람직하다는 인식이 확산되었다. 결과적으로 내부 공채 중심의 순혈주의가 사라지고 직무 중심의 성과주의가 자리잡게 되었다. 내부에서 육성할 뿐만 아니라 직무 담당자와 전문가를 외부에서 영입하게 되었다. 내부 표준체류년수가 있지만 성과와 역량이 높은 직원을 발탁하게 되었다. 과장과 부장 승진을 보통 수준의 직원에 비해 월등히 뛰어난 직원은 두 배 빠르게 승진시키는 경우도 있다.

A팀장은 주변에서 운이 좋다는 평가를 받는다. 발탁도 누락도 없이 제때 승진하여 부장 4년 차에 팀장이 되었다. "빨리 직책 승진하는 사람은 빨리 나간다. 가늘고 길게 가는 것이 유능한 것이다."라고 축하받는다. 신임팀장이지만 같은 본부의 팀장 5명 중에는 입사가 두 번째로 빠른 편이다. 다른 3명의 팀장은 A팀장보다 입사도 2~3년 늦지만 팀장은 2~3년 전에 됐다. A팀장은 본부의 일을 두루두루 알기 때문에 근무했던 팀이 아니라 본부에서 가장 오래된 팀의 팀장으로 발령받았다. 팀원은 총 7명으로 부장이 3명이고 차장 1명, 과장 2명, 주임 1명이었다. 부장 3명 중 2명은 A팀장보다 입사 선배였다. 본부장은 1년 전 외부 컨설팅 회사에서 영입한 컨설턴트로 회사 경험이 적고 나이가 어린 고학력의 임원이었다.

A팀장은 직원들과 개별 면담을 마치고 1개월 이내에 중기 전략 보고서를 작성하기로 했다. 본부장에게 1개월 동안 현안을 파악하고 팀이 나아갈 중기전략을 수립해 보고하겠다고 했다. 본부장은

자신이 원하는 3가지 목표를 포함해 달라고 요청했다. A팀장은 전 팀원을 모아 각자 해야 할 일을 배분하고 가장 고참인 B부장에게 프로젝트 매니저PM 역할을 맡겼다. B부장은 정년퇴직을 2년 앞둔 임금피크제 대상이었다. 자신은 담당 업무와 관련해 참여는 하겠지만 프로젝트 매니저를 할 역량도 되지 않고 임금피크제 대상이라 무리하고 싶지 않다고 했다. C부장도 중기전략 수립에 참여는 하겠지만 프로젝트 매니저는 할 수 없다고 했다. 결국 D차장이 프로젝트 매니저가 돼 중기전략을 수립하기로 했다. D차장과 주 2회 중기전략 추진에 대한 보고를 받기로 했다.

그런데 보고 내용이나 수준이 눈에 차지 않았다. 사유를 물어보니 부장들이 전혀 협조하지 않는다고 했다. 중간보고를 하는데 본부장은 자신이 요청한 목표와는 다른 방향이고 내용이라며 이 정도라면 하지 않는 것이 좋겠다고 말했다. 부장들은 자신이 할 수 있는 범위 내에서 다했다고 변명했다. D차장은 자신이 할 수 있는 최선이라며 중기전략 최종보고서를 제출했다. A팀장은 직접 전체를 재조정하고 몇 가지 개선 방안과 추진 단계 등을 보완했다. 팀장은 매일 야근하는데 부장들은 항상 정시 퇴근했다. 최종보고서를 본부장에게 제출하니 빠르게 보고 놓고 가라고 했다. 1주일 후 돌려받은 최종보고서는 온통 빨갛다. 틀도 내용도 다 바뀌었다. 부장들은 퇴직할 때가 되었다고 대충대충 일하고 본부장은 논리적이며 철저히 성과 지향적이다. 이들 사이에서 A팀장의 고민은 깊어만 간다.

나이가 아니라 역량과 성과 중심으로 판단한다

부서장은 일 관리와 사람 관리만 잘하면 된다는 말을 한다. 일 관리는 조직의 방향을 정하고 해야 할 일을 선제적으로 조치하며 개선을 추진하여 성과를 창출하는 것이다. 사람 관리는 대상과의 깊이가 중요하다. 상사, 동료, 팀원, 이해관계자 집단과의 원만한 관계 유지가 중요하다. 상대가 원하는 것과 애로사항을 알며 열린 소통을 해야 한다. 팀원뿐만 아니라 동료와 상사와도 신뢰를 바탕으로 하여 역량과 가치를 높이는 역할을 해야 한다. 인간관계의 원칙을 알고 그들의 마음속에 간직되는 언행을 해야 한다.

상사와의 바람직한 인간관계 원칙과 방법은 무엇일까? 상사가 본인을 인정하고 기꺼이 이끌어주도록 해야 한다. 그러기 위해 무엇을 해야 하는가? 다음 4가지에 대해 어떻게 생각하는가?

1. 상사의 목표와 애로사항을 알고 선제적으로 조치한다.
2. 상사의 성격과 업무 스타일을 알고 보완한다.
3. 매일 해야 할 6가지를 정해 출근과 동시에 상사와 직원들에게 공유한다.
4. 하루에 한 번은 상사를 찾아가 이런저런 이야기를 나눈다.

상사는 직원이 자신을 찾아와 애로사항 등 이런저런 이야기를 하면 좋아한다. 하지만 정작 자신은 공식 업무 이외로 상사를 찾아가려고 하지 않는다. 내리사랑도 중요하지만 치사랑도 중요하다.

상사의 나이를 떠나 이는 기본이다. 사람은 누구나 자신보다 나이가 어린 직원과 일하고 싶어한다. 그렇다고 해도 조직에서 나이가 많은 팀장을 부담스러워하는 본부장은 그리 많지 않다. 일 그 자체에서 원인을 찾지 않고 나이 어린 상사라고 생각하는 것이 문제이다. 일은 일로 해결하는 것이 옳다.

나이 많은 팀원이 도전적인 일을 담당하고 자신의 일에 책임을 질 뿐만 아니라 후배들을 강하게 지도하고 육성하면 고마울 것이다. 반대로 힘들고 중요한 일은 하려고 하지 않고 팀워크보다는 사적 일에 집중하면 힘들 수밖에 없다. 그런 직원을 무시하고 다른 팀원에게 많은 일을 분장하는 것도 한계가 있다. 그라운드룰을 정하고 자신의 일은 자신이 완결하는 문화를 조성해야 한다. 매주 업무와 역량 실적과 계획을 발표하는 회의를 하여 누가 무슨 일을 하며 얼마큼 기여했는가를 공유하는 것도 한 방법이다. 나이 많은 팀원과 면담을 하여 후배들에게 인정과 존경을 받는 선배로 기억될 수 있도록 역할을 주고 애로사항을 듣고 가능한 범위에서 지원하면 좋다.

부서장은 조직과 직원의 역량을 성장시키고 성과를 극대화하는 중요한 역할을 해야 한다. 태만하고 조직의 팀워크와 성과 창출을 저해하는 팀원은 나이를 떠나 냉정하게 대해야 한다. 역량이 떨어지면 기회를 줘서 성장시키면 된다. 나이가 아니라 역량과 성과 면에서 직원에게 관심을 두고 점검하고 지도하고 판단해야 한다. 나이가 많다고 좋은 게 좋은 것이라며 편하고 태만하게 대한다면 그 부서장을 어떻게 평가할 것인가? 나이 많은 그 팀원이 과연 고마워할까? 팀원 한 명 한 명에게 진정한 관심을 두고 가치를 올려주는 부서장이 오래 기억되지 않을까?

3년 연속 승진 탈락한 직원을 어떻게 할 것인가

승진 탈락 후 태도가 중요하다

홍 대리는 3년 연속 과장 승진에서 탈락했다. 동기들은 벌써 과장으로 해외 주재원으로 발령이 나고 중요 프로젝트를 수행하고 있다. 하지만 홍 대리는 3번 연속 과장 진급에 탈락해 말년 대리라는 불명예를 안고 있다. 이번에도 승진을 못 하면 타 부서로 이동할 생각이지만 홍 대리를 불러주는 팀은 한 곳도 없다. 당신이 조직장이라면 홍 대리를 어떻게 하겠는가?

직장인의 가장 큰 소망은 승진이다. 승진율이 50%가 되지 않기 때문에 제때 승진하기도 쉽지 않다. 직장인이라면 한두 번 승진에서 떨어진 경험이 있을 것이다. 승진 발표가 있는 날이면 축하와 위로 인사가 오간다. 승진한 직원은 기쁘고 축하 인사에 연신 감사하다고 말할 수 있지만 떨어진 직원은 매우 기분이 상하고 자존심에 상처를 받기도 한다. 왠지 일을 잘못하는 사람으로 인식돼 화도 난다. 승진한 팀원에게 축하한다는 말을 전하기도 어색하다. 다른 직원도 떨어진 직원에게 특별히 위로의 말을 전하기가 불편해 피하게 된다. 떨어진 직원이 하루 이틀 출근을 하지 않을 때 대부분 조직장은 그러려니 한다. 마음을 추스를 시간을 준다고 생각한다. 하지만 매사에 불평불만이 심해지고 눈에 띄게 업무에 불성실하도록 내버려두면 안 된다. 승진에 떨어졌다고 해도 겸허하게 수용하여 승진한 사람을 진심으로 축하하고 다음을 기약하며 높은 목표를 잡고 혼신의 노력을 하는 사람이 돼야 한다.

승진 탈락했다고 체념하거나 포기할 필요는 없다

홍 대리처럼 3년 연속 과장 승진에서 탈락한 직원이 있다면 어떻게 해야 할까? 그가 체념하고 회사생활을 자포자기한 사람처럼 하게 해서는 안 된다. 자신의 인생이 소중하지 않은 사람은 없다. 승진 탈락이 살아갈 날에 큰 족쇄가 돼서는 안 된다. 조직장이라면 홍 대리가 그 순간을 슬기롭게 이겨내고 인성과 전문성을 갖춘 경영자로 성장하도록 제대로 이끌어야 한다. 이를 위해 면담을 통해 다음 3가지를 이야기하고 실천하게 해야 한다.

첫째, 자신을 소중히 생각하고 일에 자부심을 느끼게 해야 한다. 세 번의 과장 탈락으로 자신감이 떨어져 일을 못 하는 사람이 돼서는 안 된다. 자신은 무능한 사람이라는 생각을 하도록 해서는 안 된다. 먼저 나는 할 수 있고 해내는 사람이라는 생각을 가지도록 해야 한다. 내 인생은 소중하고 나는 내가 이끈다는 강한 자기애가 있어야 한다. 연속 승진 탈락으로 마음이 상했겠지만 자신을 소중히 생각하고 일에 자부심을 느끼라는 말을 가장 먼저 강조하도록 한다.

둘째, 목표와 도전과제와 일하는 방식을 명확하게 제시해야 한다. 왜 승진을 못 했느냐가 아니라 승진할 수 있도록 이끄는 것이 리더이다. 승진하기 위해서는 성과와 관계가 무엇보다 중요하다. 홍 대리가 달라졌다는 말이 회자돼야 한다. 도전과제를 주고 성과를 높일 수 있도록 해야 한다. 주변 팀에서 무능한 말년 홍 대리가 아니라 성실하고 예의 바르며 협력할 줄 알고 힘들 때 가장 먼저 찾아와 도와주는 홍 대리로 인식해야 한다. 주도적으로 기획하고 스스로 일을 찾아 하도록 일하는 방식을 알려줘야 한다. 일 처리가 명확하고 간결하며 깔끔해야 한다. 항상 마감 전에 일을 마무리하며 수시로 상사와 의논하고 방향과 프로세스를 분명히 하도록 해야 한다. 그날그날 자신이 느낀 점과 한 일을 간략하게 보고하도록 하는 것도 방법이다.

셋째, 팀의 차장이나 부장을 멘토로 정해 일과 관계의 성과를 높이고 매달 정기적으로 면담해서 실적과 계획을 점검해야 한다. 한 번의 면담으로 위로하고 조언했다고 홍 대리가 변화될 것이라고 기대한다면 오산이다. 홍 대리에게 팀의 고참을 멘토로 정해줘 조직장을 대신해 일하는 사고와 방법을 알려줘야 한다. 타 부서와의 협조와 대인관계 역량을 키우도록 해야 한다. 일하는 것을 살펴 방향이나 틀이 틀어지지 않도록 도와줘야 한다. 조직장은 매달 성과와 역량을 중심으로 잘한 것과 결과물을 점검하고 다음 달에 해야 할 일을 살펴야 한다. 과장이 되는 데 부족함이 없도록 철저히 점검해야 한다.

홍 대리가 노력하겠다는 의지가 있다면 힘이 닿는 한 도와줘야 한다. 그러나 홍 대리가 품성도 올바르지 않고 몇 번 면담을 했는데도 업무에 불성실하다면 조직을 위해 결단을 내려야 한다. 성과와 관계가 좋아지도록 도와줄 수는 있지만 조직장이 대신 해줄 수는 없다. 더군다나 변화되지 않는 직원을 무리하면서 이끌고 가서는 안 된다.

꿈이 없는 말년 과장 직원을
어떻게 할 것인가

버틴다는 생각으로 일하면 개선이 안 된다

50세인 만년 김 과장은 꿈이 없다. 과장만 15년 넘게 달고 있으니 그에게 꿈을 묻는 사람이 없다. 담당하고 있는 급여 업무 처리는 정확하지만 그 이외에 대해서는 관심이 없다. 복리후생 업무를 추가로 담당하게 했지만 급여 업무만 하겠다고 고집하여 결국 부여하지 못했다. 통상 과장 승진 후 3~5년이 되면 차장이 되는데 김 과장의 동기는 물론 후배가 임원이 된 상황이다. 인사팀장도 김 과장의 한참 후배이다.

팀장은 김 과장에게 여러 번 면담을 요청해 이렇게 지내다가는 회사에서 결단을 내릴 수 있다는 자극을 주고, 업무 영역을 넓혀 보라는 조언을 했지만 반응이 없어 포기한 상태이다. 어떻게든 차장이 되거나 업무의 전문성을 바탕으로 보다 영역을 넓혀 확고한 보상 전문가가 돼야 하는데 그렇게 하지 않으니 답답하기만 하다.

김 과장의 고과는 항상 C이다. 회사는 3년 이상 C를 받는 직원에 대해서는 저성과자로 규정하고 별도 프로그램에 포함해 도전과제를 수행하게 한 후 심사하게 돼 있다. 김 과장은 올해에도 저성과자 프로그램에 참여하여 면접과 도전과제를 수행했다. 경영층은 인사팀장에게 김 과장 후임을 선발하여 업무 인수인계를 하라고 지시를 내린 상황이다. 김 과장은 주변 사람들에게 "길고 가늘게 직장생활을 해야 한다."라고 말한다. 그제나 어제나 오늘이나 내일이 큰 차이가 없다. 마음속에 오래 버틴다는 생각밖에 없으니 업무를 개선하거나 남들이 시도해보지 않은 일을 하려고 하지 않는다. 다른 사람들이 무엇을 하든 관심이 없다.

사실 이러한 김 과장의 행동으로 팀원들도 많이 지친 듯하다. 타 부서에 갈 수 없으니 어쩔 수 없다는 체념 상태이다. 팀장은 김 과장 후임으로 신입사원을 선정하고 업무를 배우라고 지시했으나 팀이 살아 있다는 느낌이 없고 뭔가 배울 점이 없다. 그렇다 보니 1개월도 안 된 신입사원이 타 부서 이동을 희망했다가 거절되자 퇴직해버렸다. 회사는 온정적 문화가 강해 자발적 퇴직이 아닌 한 직원을 강제로 해고한 일은 단 한 차례도 없었다. 여러분이 팀장이라면 김 과장을 어떻게 할 것인가?

조직장이 변화하지 않는다면 교체해야 한다

회계팀 이 팀장은 입사 선배인 김 과장의 멘토가 돼 면담했다. 표정이 밝지 않은 김 과장에게 이 팀장이 질문 공세를 펼쳤다. "선배님도 한 가정의 가장이 아닙니까? 집에 가면 존경받는 아버지이며 사랑받는 남편인데 꿈도 없이 이런 모습으로 회사생활을 하는 것이 좀 그렇지 않을까요? 50이면 아직 살아갈 날이 50년이나 남았습니다. 현재 잘할 수 있는 역량이 많은데 왜 강점을 살리지 못하십니까? 회사가 마련해준 1년의 멘토링 기간에 대해 어떻게 생각하시나요?" 등의 질문을 하면서 김 과장의 모습을 살펴보았다.

김 과장은 화가 난 듯하면서도 자신을 돌아보는 듯했다. 이 팀장은 희망이 있는 듯해서 김 과장에게 3가지 약속을 제안했다. CEO에게 보고할 분기별 도전과제를 기획해서 추진할 것, 매일 남들과 차별화된 바람직한 습관 3가지를 만들어 악착같이 실천할 것, 자신과 일주일에 한 번 개별 면담을 하고 그 결과를 정리하는 것이었다. 일주일이 지난 후 김 과장을 만난 이 팀장은 호되게 질책했다. 분기 도전과제에 대한 그 어떤 준비도 없었으며 매일 실천할 바람직한 습관 3가지도 선정하지 않았다. 정리한 자료를 보니 자신이 말한 내용만 적혀 있었다. 다른 팀원들과도 만나지 않았다. 이 팀장은 다음 주까지 도전과제에 대한 한 장의 추진보고서를 작성하라고 하고, 자신의 하루 일과를 중심으로 어떤 마음가짐으로 어떤 행동을 하는지에 대해 설명하면서 바람직한 행동 3가지를 정하라고 했다. 팀원과의 만남을 강조하면서 매일 한 명을 만나 그 팀원이 하는 일의 모습, 큰 골격, 최근 동향, 중점 이슈에 대해 정리해 오도록 했다.

망설이는 김 과장에게 이 팀장은 많은 사람이 이 멘토링을 지켜보고 있으며 이 멘토링을 통해 김 과장이 바람직한 모습으로 변하면 그 누구보다도 행복해질 수 있다며 1년만 함께 노력하자고 했다. "김 과장님, 저를 믿고 이렇게 함께 만들어가요." 그러나 그다음 주에 이 팀장은 김 과장이 한 것을 보고 또 다시 질책했다. 분기 과제는 형편없어서 CEO에게 보고할 수준이 아니었고 바람직한 습관도 얻고자 하는 바가 불분명했다. 팀원의 업무 파악도 직무기술서 수준이었다. 이 팀장은 한 시간 넘게 도전과제의 수준과 회사에 미치는 효과에 대해 언급했고 항상 바람직한 결과를 생각하면서 일을 기획하고 추진하라고 요청했다. 마지막으로 팀원들의 업무 파악은 본인의 고민을 담아 룰을 정하라고 했다. 두세 번 더 관찰하고 피드백을 하고 나니 도전과제도 형태를 갖추었고 팀원들도 김 과장이 변했다고 떠들썩하다. 무엇보다 김 과장의 표정이 밝아졌다. 출근하면서 굳은 표정으로 자리에 앉던 김 과장이 팀원들에게 "좋은 아침!" 하고 외치며 한 명 한 명과 손을 부딪쳤다.

회사는 결코 혼자 갈 수 없다. 함께 가야만 한다. 특히 조직장이나 팀의 고참이 혼자 가려고 한다면 신속하게 개입해 변화시켜야 한다. 만약 조직장을 변화시키기가 불가능하다면 그 조직장을 바꿔야 한다. 한 명의 조직장은 조직을 이끌어가는 핵심이기 때문이다. 그러나 고참을 비롯한 팀원의 경우에는 기회를 주고 지속적으로 관찰하고 피드백을 해서 변화를 끌어내야 한다. 사람 관리는 조직장의 역할과 책임임을 잊지 말아야 한다.

고참 팀원은 젊은 팀원보다 능력이 떨어지는가

고참 팀원에 대한 부정적 선입견을 버려라

전략팀에서 뛰어난 성과를 창출한 김 부장이 인사총무팀의 팀장으로 발탁됐다. 회사의 비전과 전략을 수립한 김 팀장은 사업과 연계해 인사 전략을 펼쳐야 한다는 생각으로 팀원들과 일대일 면담을 했다. 10명의 팀원이 인사, 교육, 총무 업무를 수행하고 있었다. 인사 업무 담당자는 30대 후반에서 40대 초반의 과장이었고, 교육 업무는 1년 차 신입사원 1명과 50대 2명이 수행했고, 총무 업무 담당자 2명은 50대 중반이었다. 팀원 중에 김 팀장보다 나이가 많은 팀원이 4명이나 되었다. 처음 김 팀장이 발령을 받았을 때 많은 사람이 인사총무팀은 일하지 않는 고참들이 많고 전체가 패배의식에 사로잡혀 있었다. 팀장의 무덤이고 그곳에서 성과를 내기는 하늘의 별 따기보다 어렵다고 했다.

회사 문화는 매우 보수적이었고 나이 많은 4명의 팀원은 김 팀장의 입사 선배이기도 하지만 중고등학교의 선배이기도 했다. 김 팀장은 인사총무팀의 성과가 낮은 이유가 고참 팀원이 많아 새로운 변화를 시도하려 하지 않고, 융통성이 적어 규정이나 지침만을 강조하고, 젊은 팀원들과 같이 일하려 하지 않고, 인지 능력이 떨어지는 것도 한 원인이라는 부정적 선입견을 품고 있었다. 일대일 면담을 하면서 김 팀장이 느낀 점은 3가지였다.

첫째, 고참들은 신체적 능력이 젊은 팀원들에 비해 전혀 떨어지지 않았다. 건강의 사유로 결근과 이직률이 높을 것으로 생각했다. 그런데 오히려 결근은 고참들이 훨씬 적었고 결근했을 때 업무 인수인계 등 책임 의식이 매우 높았다.

둘째, 젊은 팀원들에 비해 인지 능력이 떨어져 직무 수행에 어려움이 있을 것이라는 생각도 우려였다. IT 기반의 PC 조작 능력, 정보 검색 능력은 차이가 있었지만 실제 직무와 연계돼 성과를 내는데는 전혀 문제가 없었다. 고참들은 경험, 판단력, 회사와 직무에 대한 로열티가 매우 강했다. 이러한 차이를 만회하고도 남았고 제대로 이끈다면 훨씬 높은 직무 성과를 창출할 수 있겠다는 확신이 들었다.

셋째, 학습과 변화에 대한 기피와 남들과 어울리지 않을 것이라는 생각도 잘못되었다. 학습에 대한 열정은 젊은 팀원들에 비해 떨어지지는 않지만 더 많은 시간이 걸렸다. 하지만 변화에 대해서 고민이 깊었다. 이 때문인지는 몰라도 적극적인 학습 참여를 유도하고 멘토와 학습조직의 리더 역할을 부여했을 때 기대하지 못한 성과를 창출했다.

우리 사회는 세계에서 그 유래를 찾아보기 힘들 정도로 고령화가 빠르게 진행되고 있다. 필자가 2003년도 팀장 제도 개선을 통해 성과와 역량이 낮은 팀장을 보직 해임하여 팀원으로 강등했을 때 대상이 된 팀장들은 전부 일정 금액의 명예퇴직금을 받고 퇴직을 선택했다. 그러나 지금은 퇴직하지 않고 팀원으로 근무한다. 지금과 같은 저성장 시대에서는 퇴직 후 새로운 직장이나 일을 찾기가 매우 어렵고 고령화에 따른 경제적 이유로 한동안 더 조직에 머물러야 하기 때문이다. 상황이 이렇다 보니 관리자나 경영자는 나이 많은 직원과 함께 더 많이 근무하게 될 것이다. 젊은 직원이 아니라 나이 많은 직원을 채용하여 함께 근무하게 될 수도 있는데 나이 많은 직원에 대한 선입관은 큰 장애가 될 것이다.

고참 직원은 아침에 일어나 갈 곳이 있고, 할 일이 있으며, 만날 사람이 있다는 사실만으로도 감사해하고 있다. 이들은 갈수록 사회적 체면보다는 현실적인 면을 강조한다. 의학의 발달과 자기 관리로 직무를 함에 있어 젊은 직원에 비해 신체적으로 크게 떨어지지 않는다. 무엇보다도 이들의 경험과 스킬은 현 직장에 특화된 것이어서 다른 직장에 가면 그곳에서 필요로 하는 경험과 스킬이 다를 가능성이 크기 때문에 현 직장과 직무에 대한 충성심이 높다. 이러한 충성심이 더 높은 목표와 동기부여로 연계된다면 생산성뿐만 아니라 성과 창출에 큰 몫을 차지하게 된다. 또한 나이 많은 팀원이 열정을 갖고 직무에 임한다면 조직장이 조직을 이끄는 데 큰 힘이 된다. 젊은 팀원들이 자발적으로 업무에 임하고 언행을 조심하며 고참을 중심으로 보이지 않는 긍정적 문화가 전파되기 때문이다.

고참에 대한 인식을 전환하고 이끌어야 한다

무능한 고참을 본인의 문제로만 치부해서는 안 된다. 호봉제와 기본급의 비중이 높은 연봉제의 임금 구조하에 있는 국내 상황에서는 정년 60세 시대에 55세 이상 된 고참 직원의 급여가 20대 신입사원 급여의 2~3배 수준이 된다. 이들이 높은 생산성과 직무 성과를 내지 않으면 회사는 매우 힘든 상황이 될 수도 있다. 이들의 경험, 스킬, 조직과 직무에 대한 충성심을 회사와 조직장은 최대로 활용해야만 한다. 이를 위해 세 가지를 제언한다.

첫째, 고참 직원에 대한 분류와 이에 따른 활용 방안을 마련하는 것이다. 최근 3개년 성과와 보유 역량을 기준으로 A~C급으로 분류하고 A급에게는 상위 보직에 대한 동기부여, 경쟁 기회 제공, 보상과 복리후생 우위를 제공한다. B급에게는 고용 안정을 유지한다. C급에게는 직무 이동과 기회를 부여하고 보상 동결과 임금피크제를 적용하여 개선이 없는 경우에는 적극적으로 조치한다.

둘째, 높은 직무 전문성을 인정하고 이를 활용하는 것이다. 직무 전문성이 높은 고참 팀원에 대해서는 명인, 명장을 부여하고, 직무 매뉴얼 작성, 직원 교육을 위한 사내 강사 활동, 자율적 개선 활동 운영, 전사 태스크포스 참여 등을 통해 전문성을 발휘하도록 한다.

셋째, 조직과 직무에 대한 열정을 팀워크와 조직관리에 연계하는 것이다. 고참 팀원이 가진 경험과 충성심을 인정하고 지속되도록 면담과 동기부여 등 인간적으로 배려해야 한다. 대부분 고참 팀원은 승진의 꿈은 접었다. 하지만 이 부분을 가장 아쉬워하고 있다. 그렇다고 당장 승진시킬 상황은 아니므로 일에 대한 전문성을 더 강조하고 역량을 발휘할 기회를 제공해야 한다. 또한 자신들을 바라보는 여러 시선의 부담 때문에 매우 좁은 대인관계를 유지하는 경향이 있다. 팀원들을 지도하고, 전사 동아리 활동 참여를 적극적으로 권장하며, 타 부서의 업무 연관 팀원들과 어울릴 수 있도록 인간적으로 배려해야 한다.

연고 채용된 불성실한 직원을
어떻게 할 것인가

업무 능력이 안 되는 직원을 어떻게 해야 하는가

A부장은 지역 환경 단체에서 근무하다가 인맥을 통해 입사해 인재개발원에 발령받았다. 지금까지 다양한 일을 했지만 나이도 많고 대부분 비정부기구NGO 활동을 많이 하여 인재개발원에서 할 수 있는 일이 그리 많지 않았다. 관리팀장은 A부장에게 시설 담당 업무를 부여했다. 매일 교육장, 식당, 숙소를 돌며 이상 여부 조치와 청결 상태를 점검하고, 도급으로 운영되는 미화 인력을 관리하고, 인재개발원이 외부 수익 사업을 추진하면서 홍보와 공실률 관리를 하도록 했다.

A부장에게 업무를 인수인계하던 전임자는 팀장에게 애로사항을 호소했다. A부장이 기초 기능인 엑셀 작업을 할 수 없을 뿐만 아니

라 미화 인력과 관계가 너무 좋지 않아 업무를 수행하기 어렵다고 했다. 건물 점검 항목과 이상 여부 파악과 조치 업무는 엑셀을 사용하지 않으면 할 수 없다. 팀장은 A부장을 불러 일주일 이내에 엑셀 작업이 가능하도록 하라고 하면서 엑셀 학습서를 주었다. A부장은 지금 엑셀을 배운다고 가능하겠느냐며 전임자가 그냥 하도록 요청했다. 팀장은 사무직으로 일하려면 엑셀은 기본이라고 하며 일주일 이내에 기본적인 엑셀 작업이 가능하도록 공부하라고 했다.

다음 날 원장이 관리팀장을 불러서 사람을 봐가면서 일을 줘야지 무리하게 일을 지시하면 어떻게 하느냐며 질책했다. 엑셀도 하지 못하고 기획 역량도 부족하고 교육생 앞에 설 수 없는 상황이라 부장으로 수행할 업무가 없다고 했다. 그러자 원장은 알아서 하라고 말했다. 며칠 후 고용노동부에서 직장 내 괴롭힘 신고가 있다며 근로감독관의 감사가 실시되었다.

팀워크를 깨는 직원에 대해서는 냉정해야 한다

조직장이 돼 성격이 모나거나 역량이 부족한 직원은 지도와 코칭 등을 통해 바람직하게 직장생활을 할 수 있도록 이끌어야 한다. 하지만 팀워크를 깨거나 조직의 성과 창출에 발목을 잡는 직원에 대해서는 냉정해야 한다. 회사는 지속적으로 성장하기 위해 성과를 창출해야 한다. 만약 회사가 성과를 창출하지 못하고 계속 적자를 낸다면 망할 수밖에 없다. 회사가 망한 다음에 남는 것은 없다.

회사를 망하게 하는 많은 요인 중 '좋은 게 좋다'는 무사안일주의, 적당주의, 대충주의가 있다. 이러한 생각은 회사를 서서히 망하게 한다. 개인의 잘못이 개인에게만 영향을 줄 때는 주의와 징계 등을 통해 바로잡을 수 있다. 하지만 개인의 잘못이 조직에 부정적 영향을 크게 줄 때는 과감하게 도려내야 한다. 사과 상자 속에 썩은 사과 하나가 나머지 사과들을 썩게 하는 것과 같은 이치이다. 썩은 사과를 빨리 골라내야 한다.

조직장으로 있으면서 가장 힘 빠지고 힘든 일 중의 하나는 '자신도 알지 못하는 일에 대해 상사와 외부 기관이 이야기하는 경우'이다. 조직장이라고 조직 내 모든 일을 알 수가 없다. 조직장이 알지 못하는 일에 대해 조직 구성원이 불만을 품고 최고경영자, 노조위원장, 고용노동부 등 외부 기관에 투서해 조사를 받게 된다고 생각해보라. 무슨 말을 하겠는가? "현재 알지 못하는 일이고 파악하여 보고하겠다."라는 말밖에 할 수가 없다. 조직장으로서 힘이 빠지고 지금까지 자신의 업적과 노력이 허망하다고 느껴질 것이다. 조직과 구성원에 대한 신뢰가 무너질 수도 있다. 내부 고발자가 누구인지 알 수 없을 때는 조직과 구성원 간에 갈등과 불협화음이 생기게 된다. 서로가 의심하고 그동안 쌓아온 신뢰가 순식간에 사라진다. 사태가 장기화되면 조직이 망하는 것은 시간문제이다.

조직의 문제는 조직 내부에서 해결해야 한다

조직 내부의 문제가 조직 밖으로 나가서 좋은 결과를 갖기란 쉽지 않다. 조직과 구성원이 서로 신뢰를 기반으로 문제가 발생하지 않도록 하는 것이 기본이다. 발생한 문제에 대해 조직 내에서 공론화하고 해결하기 위해 지혜를 모으고 방안을 만들어 실천해야 한다. 조직장의 결단과 팀워크 강화를 위한 노력이 이러한 문화를 구축하는 원동력이 아닐까?

문제 일으키는 신규 채용 직원을
어떻게 할 것인가

채용 프로세스를 세심하게 분석해야 한다

신규 채용한 직원이 일에 열중하지 않거나 팀과 문화적 갈등을 일으킨다면 일차적 잘못은 채용과정에서 걸러내지 못한 면접관과 인사부서에 있다. 회사에 맞는 올바른 인재를 채용해야 하는데 채용된 인력이 부적절하다면 채용 프로세스를 세심하게 분석해야 한다. 의심이 나면 뽑지 않는 프로세스여야 한다. 당장 인원이 부족하고 지원자가 적다는 이유 등으로 회사에 맞지 않는 인력을 채용하면 그로 인해 더 어려운 상황에 봉착하게 된다. 채용 프로세스를 엄격히 하여 우리 회사에 맞지 않는 인력이나 의심되는 인력은 철저히 배제해야 한다.

채용을 잘하기 위해서는 무엇을 갖춰야 하는가

회사가 채용을 통해 얻고자 하는 바는 원하는 인재가 입사해 자신의 역량을 발휘하고 팀워크를 이루어 회사가 성장하는 데 주역이 되도록 하는 것이다. 따라서 회사가 원하는 인재에 대한 정의, 선발 절차, 면접관이 잘 구축돼 있는지 고려해야 한다. 이를 위한 사전 세부 6단계를 살펴보자.

- 1단계: 당해연도 인력운영계획을 파악하고 확정한다. 당해연도 인력운영계획은 사업과 연계하여 현장의 니즈를 담은 3개년 인력운영계획과 당해연도의 니즈가 반영돼야 한다. 인사 HR부서에서 취합하여 퇴직 인력, 조직 현황, 회사의 인력 구조, 총액 인건비 등을 고려해 최종적으로 확정한다.
- 2단계: 당해연도 채용 계획을 수립한다. 당해연도 인력운영계획에 의거하여 현업의 필요 인력에 대한 직무, 필요 역량, 자격 조건, 시기, 인원 등을 파악해 채용 계획을 확정한다.
- 3단계: 채용 공모를 하고 입사지원서를 심사한다. 채용 계획에 따라 채용 공모를 하고 입사지원서를 현업과 협의하여 심사한다. 채용 공모 시의 입사지원서 문항과 질문은 현업의 의견을 최대한 반영하고 자기소개서의 질문에 대한 심사는 현업이 주로 결정하도록 하고 그 수준에 대해서는 사전에 준비하도록 한다.
- 4단계: 인적성 검사를 한다. S그룹처럼 별도 장소에서 철저하

게 하는 방법도 있지만 전문회사에 아웃소싱하는 방법도 있다. 통상 입사지원서와 병행해서 하는데 인적성 검사 문항에 회사의 특성을 반영하는 것이 바람직하다. 인적성 검사 결과 기준을 설정하여 기준 이하의 인력에 대해서는 불합격 조치 하는 것이 옳다.

- 5단계: 회사의 특성에 맞는 면접을 한다. 면접 프로세스와 면접관의 선정과 운영은 그 무엇보다 중요하다. 현업의 니즈를 면접 시에 반드시 포함해야 한다. 함께 일할 사람들이 참여해 결정했을 때 관심과 애정도 높다. 면접 과정은 어려워야 한다. 쉽게 합격하는 사람보다 어렵게 입사한 사람이 더 애착이 강하다. 면접관은 사전에 선정하여 질문지와 심사표를 개발하고 역할을 부여하여 면접 연습을 해야 한다.
- 6단계: 합격자와 불합격자에 대해 조치한다. 합격자는 입사하게 된 것을 자랑스럽게 생각하고 불합격자는 다음에 또 도전하도록 해야 한다. 형식적 조치가 아니라 최대한 개별 지원자의 마음에 담길 대응을 해야 한다.

채용 후 문제가 있는 사람이라면 이에 대한 조치는 다른 차원이다. 일단 가장 좋은 방법은 3개월 정도 수습 기간을 두는 것이다. 3개월 동안 과제를 부여하고 멘토와 조직장의 평가를 통해 계속 근무 여부를 결정한다.

일단 채용한 직원에 대해서는 신뢰해야 한다

일단 신규 채용한 직원에 대해서는 믿고 제 역할을 할 수 있도록 알려주고 전력화해야 한다. 최고의 인재를 선발해 최고의 성과를 내는 좋은 기업도 있다. 하지만 필자는 보통의 인재를 선발해 강하게 키워 최고의 성과를 내게 하는 회사가 최고의 회사 아닐까 생각한다. 그러기 위해서는 신뢰를 바탕으로 구성원을 한 방향 한마음으로 이끄는 가치를 신규 채용한 직원에게 심어야 한다. 그들이 초기에 적응하고 업무와 인간관계에서 전력화할 수 있도록 멘토와 조직장의 세심한 관심이 배려가 중요하다. 조직장이 신규 채용한 직원에게 목표를 부여하고 조기 전력화할 수 있도록 솔선수범하며 활력을 불어넣어야 한다. 새로 입사한 직원은 불안하고 외롭다. 누구나 잘하고 싶지만 문화와 일하는 방식이 다르다. 무엇보다 사람을 잘 모르기 때문에 소신 있게 행동하고 성과를 창출하기가 쉽지 않다. 기존 구성원들이 마음을 열고 이들을 받아들여야 한다.

일하려 하지 않는 계약직 직원을
어떻게 할 것인가

채용 전과 후가 다른 직원을 어떻게 해야 하는가

김 매니저는 요즘 계약직 직원인 홍 씨 때문에 머리가 아프다. 면접에서는 주어진 일에 최선을 다하며 성실하다고 해서 믿고 뽑았다. 그런데 8시 55분에 출근해서 당일 해야 할 일 준비가 안 된 채로 커피를 마신다. 매일 해야 할 목록과 하는 방법을 알려주지만 중간 점검을 하지 않으면 엉망이거나 해놓은 것이 없다. 왜 안 했느냐고 물으면 어떻게 할지 모른다고 한다. 그래서 메모지에 해야 할 일 목록을 적어주며 1번부터 하는 방법을 알려주었다. 모르는 일이 있으면 물어야 하는데 묻지 않는다. 지적을 하면 한 귀로 듣고 흘리는 느낌을 받는다. 중간중간 자리를 비우는 시간이 길고 일하면서 음악을 듣는다.

김 매니저는 자신의 일이 많아 부가가치가 낮은 일상적 업무를 덜어내려고 계약직을 선발했는데 도리어 상전을 모시는 상황이 되었다. 어제는 팀장이 불러서 가니 홍 씨에게 너무 심하게 하지 말고 어려운 일은 제대로 가르친 다음에 시키라고 한다. 홍 씨가 이제는 자신을 건너뛰고 팀장에게 직접 불만을 토로한 것이다. 김 매니저는 팀장에게 홍 씨에 대해 말하려는 것을 참고 자리에 돌아왔다. 홍 씨를 어떻게 하면 좋을까 고민에 빠진다.

왜 자기 일이라고 생각하지 못하는가

홍 씨는 서울에 위치한 대학을 졸업했다. 대학에 다닐 때만 해도 웬만한 기업은 입사할 것으로 생각했기에 공무원 공부에 매달렸다. 공무원 시험에 세 번 탈락하고 공기업과 대기업에 원서를 냈지만 서류전형에서 20번 넘게 탈락했다. 동기들은 어느 기업에 합격했다고 좋아하는데 자신은 단 한 번도 면접을 본 곳이 없다.

결국 수준을 낮춰 중견기업에 응시했지만 매번 면접에서 떨어졌다. 졸업 후 1년 넘게 취업 준비생으로 있다가 집에서 용돈 받는 것도 눈치가 보여 결국 정규직이 아니라 계약직으로 일을 시작했다. 하는 일마다 단순 반복의 몸으로 하는 일이어서 이런 일 하려고 대학을 다녔나 하는 생각이 든다. 일을 지시하는 사람도 자신보다 나이가 적은 여직원이 대부분이다. 1년 단위로 계약을 하는데 2년이 되면 무조건 그만둬야 한다. 가는 곳마다 정규직으로 전환되는 곳은 없다. 종일 출근해 일하고 있지만 이것이 내 일이라는 생각은 전혀 들지 않는다.

회사에서 중요하지 않은 업무는 없다

중요하지 않은 일은 없다. 아무리 사소한 일이라고 해도 그 일이 안 되면 중요한 일을 할 수 없는 경우가 많다. 청소가 돼 있지 않은 사무실과 화장실을 생각해보라. 밑반찬 셋팅과 설거지가 되지 않으면 식당을 운영할 수가 없다. 계약직이 하는 일은 단순하고 일상적이다. 하지만 그 일이 안 되면 성과가 나지 않는다. 이런 일들이 제대로 수행돼야 한다.

그러기 위해서는 우선 일하는 사람의 마음가짐이 중요하다. 열정과 책임으로 끝까지 완벽하게 해내겠다는 마음이 우선이다. 일에 임하는 자세와 일의 결과가 좋은 직원은 도와주고 싶다. 하지만 일하려는 마음이 부족하고 최선을 다하지 않고 대충하거나 성의가 없는데 도와주려는 사람이 그리 많지 않다. 지금 하는 일에서 최선을 다하지 못하는 사람이 다른 일에서 최선을 다한다는 것은 기대하기 어렵다. 주어진 일을 수용하고 그 일을 완벽하게 해서 좋은 결과를 내면 또 다른 기회가 생길 수 있음을 알려줘야 한다.

그다음에 알려줄 것은 일하는 방법이다. 일을 잘할 수 있는 지식, 스킬, 방법을 알려줘야 한다. 처음부터 잘하는 사람은 많지 않다. 생각하는 방식과 일하는 방식을 하나하나 알려줘야 한다. 해보게 하고 그 방법을 익히고 고민하게 해야 한다. 좀 더 나은 방법을 찾게 해야 한다. 일하면서 개선점을 찾고 건의하며 보다 좋은 성과를 낳게 해야 한다. 단순한 일이지만 그 일을 통해 배우게 해야 한다.

　마지막으로 아니다 싶으면 빨리 결정을 내려야 한다. 맞지 않는 사람과 함께 생활한다는 것은 서로에게 고통이다. 면담을 통해 서로의 생각을 나누고 방법을 찾아야 한다. 개선이 없다면 상사와 의논하여 도움을 받는 것이 좋다. 반대로 매우 좋은 품성과 역량을 가진 직원이라면 회사의 정규직 채용에 적극적으로 추천하여 기회를 주는 노력을 해야 한다. 함께하는 동안 매니저로서 좋은 사람으로 인식되기보다는 자신을 이해하고 가치를 높여준 사람으로 남아야 한다. 결국 팀장이든 팀원이든 자신의 현재와 미래에 사랑받는 것은 자기 하기 나름이다.

1일 근무하고 퇴직하는 직원을
어떻게 할 것인가

왜 하루 만에 퇴사를 결심했는가

지방에 있는 A회사에서 채용 면접을 하는데 한 지원자가 눈에 띄었다. 큰 키에 어릴 때부터 운동해서 건강해 보였고 무엇보다 서글서글하며 시종일관 웃는 표정으로 면접에 응했다. 그 지방 출신이며 집도 가까웠다. 다만 직무 경력은 있지만 5년 동안 여러 기업에서 짧게 근무해 기본 업무만 수행했기에 입사 후 가르치는 것이 좋겠다고 판단했다.

합격을 통보하니 지방에서 교육받는 것이 있어 10일 후인 화요일에 출근하기로 했다. 부서와 직무, 연봉, 처우 조건까지 확정하고 K 대리를 위한 자리 정돈, 자료 준비, 3일의 오리엔테이션을 처음으로 준비했다. 불편함이 없도록 명함까지 준비하는 성의를 보였다. 첫날 계획대로 경영층에 인사했고 본부장이 회사 연혁, 제도, 문화에 관해 설명했다. 이어 각 부서를 찾아 인사했고 제품 소개도 마쳤다.

K 대리는 상냥하고 밝은 모습으로 "잘 부탁한다."라는 인사를 나누고 점심시간에 구내식당의 식사가 맛있다고 했고 "내일 뵙겠습니다." 하고 퇴근했다. 그런데 밤 11시에 문자로 사장에게 더 좋은 조건의 회사로부터 오라는 연락을 받았고 내일부터 출근하라고 해 인사도 못 해 죄송하다고 전송했다. 그리고 1일 근무한 급여는 청구하지 않을 것이니 걱정하지 말라는 말도 남겼다.

후배들이 일하고 싶어하는 회사를 만들어야 한다

1일 근무하고 퇴직한 직원에 대해 어떻게 생각하는지를 물어보면 대략 다음과 같은 반응이 많다.

- 더 좋은 조건인데 가는 것이 당연하다.
- 1일 근무나 10년 근무나 모두 계약 관계가 아닌가?
- 그 직원도 얼마나 고민했겠는가? 결국 자신을 위한 선택이다.
- 다른 지원자의 기회를 뺏어간 것이므로 이런 행동은 아니라고 본다.
- 인성의 문제이다. 출근했다면 다음 합격 통보를 거절했어야 한다.

- 회사가 선택했지만 직원의 선택을 존중해야 한다.
- 누가 이렇게 했겠는가? 어른들의 행동을 보고 배운 것이 아닌가? 누가 반성해야 하는가?
- 이러면 안 된다는 것을 알려줬는가? 제대로 가르쳐야 하는데 그렇게 하지 못하고 있다.

위의 반응들은 크게 세 가지로 정리할 수 있다.

첫째, 1일 근무하고 퇴직한 직원에 대한 비난 또는 질책이다. 아무리 조건이 좋다고 해도 1일 근무하고 밤늦게 문자로 퇴직 통보를 하는 것은 정도에서 벗어났다. 또한 그다음 날 다른 회사로 출근하는 것은 도리가 아니다. 회사 입장에서 보면 얼마나 황당하겠는가? 반대로 취업해 하루 근무했는데 더 낮은 연봉으로 더 역량이 뛰어난 직원을 선발했다고 나가라고 한다면 어떻겠는가? 비난을 받아 마땅한 일이라고 한다.

둘째, 더 좋은 조건이라면 고민도 될 것이고 자신을 위해 선택한 것을 이해해야 한다는 입장이다. 회사와 개인은 계약 관계이고 1일 근무하든 10년 근무하든 일을 하고 보상받는 것은 다르지 않다. 하루 근무하고 더 좋은 조건의 더 나은 회사에서 오라고 하면 마음이 가지 않을 사람이 누가 있겠는가? 결국 자신을 위한 삶이다. 나중에 힘없고 역량이 떨어질 때 회사가 그동안의 노고를 생각해 보살펴주겠는가? 하루라는 기간이지만 그 선택을 인정해야 한다.

셋째, 개인의 문제가 아니고 사회, 교육, 문화의 문제로 본다. 개인의 잘잘못을 이야기할 것이 아니라 지금 젊은이들이 무엇을 보고 배우는지 돌아볼 필요가 있다. 옳고 그름에 관한 판단을 어른들의 행동, 학교 교육, 사회 이슈에 대한 언론 등의 기사, 관행과 같은 문화 등에서 보고 배우지 않겠는가? 어른들이 하루 근무하고 퇴직하는 것 이상으로 나쁜 짓을 하고도 반성하지 않고, 학교 교육을 담당하는 선생님이 지식을 가르칠 뿐 인성과 잘못됨에 대한 질책이 없고, 언론 등이 패악질을 알리고, 법과 관행이 정의롭지 못한데 무엇을 배울 것이며, 무엇을 잘못이라고 하겠느냐고 비판한다. 필자는 이에 대해 선배들에게 들은 말로 갈음하고자 한다.

"후손에게 무엇을 남겨주겠는가? 우리는 비록 고생했지만 후손에게는 100년을 이어갈 수 있는 옥토를 남겨 주어야 하지 않겠는가? 좀 더 고생해 후손에게 좋은 유산을 남겨주자."

왜 모두가 그 상사와 일하고 싶어하는가

초판 1쇄 인쇄 2023년 10월 23일
초판 1쇄 발행 2023년 10월 30일

지은이 홍석환
펴낸이 안현주

기획 류재운 **편집** 안선영 박다빈 **마케팅** 안현영
디자인 표지 정태성 본문 장덕종

펴낸 곳 클라우드나인 **출판등록** 2013년 12월 12일(제2013 – 101호)
주소 우) 03993 서울시 마포구 월드컵북로 4길 82(동교동) 신흥빌딩 3층
전화 02 – 332 – 8939 **팩스** 02 – 6008 – 8938
이메일 c9book@naver.com

값 18,000원
ISBN 979 – 11 – 92966 – 39 – 7 03320